£ 15.95

LOVERBOYS 12

TOM CAFFREY

MEN AT WORK

BRUNO GMÜNDER

*Die in diesem Buch geschilderten Handlungen
sind fiktiv.*

*Im verantwortungsbewußten sexuellen Umgang
miteinander gelten nach wie vor die Safer-Sex-Regeln.*

Loverboys 12

Aus dem Amerikanischen von Gerold Hens
© 1998 Bruno Gmünder Verlag
Leuschnerdamm 31, D-10999 Berlin

Originaltitel: Tales from The Men's Room
© 1996 Tom Caffrey
Published by arrangement with International Scripts Ltd.

Umschlaggestaltung: Stefan Adler
Foto: Hervé Bodilis
Druck: Elsnerdruck

ISBN 3-86187-042-8

Für Gerry Kroll und Fred Goss

INHALT

MITTWOCH, 2 UHR MORGENS

Die Hitze weckt mich auf, schwül-feuchte Bänder, die mir übers Gesicht flattern und meine Träume stören, bis ich in halbbewußtem Zustand aus ihnen aufschrecke. Die Nacht ist ungewöhnlich heiß, eine brütende Hitze, wie sie nur in den letzten Sommertagen auftritt, wenn die Jahreszeit zu Ende geht und die Stadt fest in ihren Griff nimmt, ohne sie loslassen zu wollen. Die Haare kleben mir am Hals, und meine Kehle brennt vor Durst, während ich nach dem Wasserglas auf dem Nachttisch taste. Von dem ratternden elektrischen Ventilator kommt nur ein winziger Lufthauch, und es ist erst kaum drei Stunden her, daß ich in einen unruhigen Schlaf gesunken bin. Draußen ist es merkwürdig still, es fehlen die üblichen Geräusche von Sirenen und Stimmen auf der Straße.

Die Laken sind schweißgetränkt und hüllen mich ein wie die dünnen Häute eines Kokons. Ich fühle mich wie ein Toter im Leichenhemd und strample mich von den Laken frei, so daß sie zu Boden fallen und ich nackt auf dem Bett liege. Das Zimmer ist nur halbdunkel, da der seltsam fahle Schein, der nachts immer von der Stadt aufzusteigen scheint, durch mein unverhängtes Fenster fällt und den Raum mit einem Schimmer erfüllt, das alles wie in einen Nebel taucht. Die Umrisse meines Körpers sind deutlich zu erkennen, während die Details verschwimmen und Hände und Füße im Schatten verschwinden. Ich habe einen Steifen, der sich mir schmerzhaft gegen den Bauch preßt, als sei er zum Platzen gefüllt mit Blut. Meine Eier schmerzen unter der drückenden Last von zu viel Sperma. Ich weiß nicht warum, aber ich muß anfangen zu wichsen, meinen dicken, langen Schwanz mit meinen Fingern und bearbeiten dann das Beben meiner Hand spüren, wenn mir das Sperma auf den Bauch klatscht.

Meine Hände gleiten über Flecken aus Licht, während ich langsam von den Hüften aus über die Brust bis zum Hals streiche, unter der Berührung der eigenen Finger erzittere und scharf den Atem einsauge, als ich meine zarten Brustwarzen zwirble. Ich hebe den Arm hinter den Kopf und drehe das Gesicht, um meine Nase in das feuchte Büschel von Haaren zu drücken. Der Duft ist vertraut und erregend, und träge fährt meine Zunge über die Haut, um den bitteren Geschmack aufzunehmen und zu spüren, wie der schwere Muskel meines Bizeps sich an meiner Wange hebt und senkt.

Meine Hand wandert über meinen Bauch, um die Rundungen meiner Eier und Schenkel nachzufahren, während ich mir die vielen Zimmer in der Stadt um mich her vorstelle, wo Männer miteinander schlafen, die mit schweißnassen Leibern die Arme umeinanderschlingen, während sich ihre Münder treffen und ihre Zungen durch weiche Lippen und harte Zähne hindurchstoßen. Die Luft fließt um mich her, als meine Finger die Eier liebkosen wie die Lippen eines Liebhabers, indem sie zärtlich an ihnen zupfen und wieder loslassen. Ich ziehe die Beine an und spreize die Knie, und meine Hand gleitet durch das schweißnasse Haar in meiner Arschspalte, um roh mein Loch zu bearbeiten, während meine Faust fest um Schwanz und Sack geschlossen ist und ich mir einen fremden Mann vorstelle, der, eingezwängt zwischen meinen Beinen, seinen Schwanz tief in mir versenkt.

Noch ehe ich anfangen kann, meine Latte zu wichsen, höre ich ein Auto in meine Straße einbiegen. Das ist keineswegs ungewöhnlich, aber dieses hier hält vor meinem Haus an, und der Motor wird abgestellt. Ich höre, daß eine Tür geöffnet, aber nicht wieder geschlossen wird. Ich schließe die Augen und versuche, mir einen herunterzuholen, aber meine Gedanken jagen zu rasch von einem Bild zum anderen, so daß ich mich nicht lange genug konzentrieren kann, um mich zum Höhepunkt zu bringen. Mehrmals verspüre ich, wie aus dem Unterleib das bekannte Kribbeln aufsteigt, aber nur, um wieder zu verebben. Frustriert gebe ich auf und lege mich in die Kissen zurück. Mein Schwanz preßt sich hart und unbefriedigt an meine Haut.

Ich stehe auf, gehe zum Fenster und schaue über die Eisenkanten meiner Feuertreppe im dritten Stock nach draußen. Zu dieser Zeit ist die Straße leer, verlassen selbst von den üblichen Anwohnern, die ausgehen, wenn alle anderen schlafen, um ihren wie immer gearteten Geschäften nachzugehen, die mit dem ersten Sonnenstrahl abgeschlossen sein müssen. Ein Raunen gedämpfter Stimmen dringt über die Dächer, und ich stelle mir vor, daß die Hitze auch sie in die kühleren Schatten des Parks beim nächsten Block vertrieben hat, wo sie mit den Füßen im Brunnen herumsitzen können, um füreinander und jeden, der ihnen zuhört, ihre Vergangenheit neu zu erfinden. Vom Wispern ihrer Gespräche abgesehen, ist die Innenstadt tot.

Das Auto parkt direkt unter meinem Fenster, der Bug ist halb in den Lichtschein der Straßenlaterne getaucht, während das Heck von der Dunkelheit verschluckt wird.

Es ist ein Riesenvieh von Auto, die Art, wie sie von Jungs gefahren wird, die schon früh lernen, wie man den Motor pflegt. Die Fahrer solcher Autos leben häufig in kleinen Städtchen, wo sich das Leben zwischen Fabriken und Billardsälen abspielt und die Hauptrollen von Girls mit toupierten Frisuren und rotgeschminkten Lippen übernommen werden, die sich willig Männern hingeben, deren rauhe, ölverschmierte Hände sie Samstag nachts auf Rücksitzen streicheln.

Der erste Freund meiner Schwester hatte ein ganz ähnliches Auto. Immer nach der Schicht auf dem Bau röhrte er vor dem Haus, worauf sie hinausstürmte und sich lachend durch das Fenster beugte, um ihn zu küssen. An warmen Abenden holte er den Wasserschlauch von hinten und verbrachte ein, zwei Stunden damit, seinen Schatz zu waschen; Led Zeppelin dröhnte aus seinem Achtspur-Kassettendeck, während er liebevoll von oben bis unten über das blitzende Metall ging und meine Schwester auf dem Rasen saß und sich die Fingernägel lackierte. Ich stand dann hinter dem Vorhang und beobachtete gebannt die Bewegungen der dicken Muskeln auf seiner nackten Brust, wenn er mit dem Schwamm über den schwarzen Lack fuhr. Einmal, als es sehr heiß war und er nur Boxershorts trug, richtete meine Schwester den Schlauch auf ihn und machte ihn so naß, daß der Stoff an ihm klebte und ich die Umrisse seines Schwanzes sehen konnte, als er ihr nachjagte. In dieser Nacht holte ich mir einen runter, während ich mir vorstellte, was ich gesehen hatte, und dem Klang seiner Stimme lauschte, die durch die Haustür, vor der sie auf den Stufen saßen und redeten, hereindrang.

Die Fahrertür ist offen, und da sitzt ein junger Mann mit den Füßen auf dem Bordstein, während der Rest im Auto bleibt. Ein weiterer Mann sitzt mit angezogenen Knien auf dem Bordstein selbst. Er hält eine Bierflasche und raucht eine Zigarette, von der Ringe aufsteigen. Das Gesicht des Mannes im Auto liegt im Schatten, aber ich kann sehen, daß er ein T-Shirt, Jeans und schwere Arbeitsstiefel trägt. Der Mann auf dem Bordstein ist ähnlich gekleidet, Jeans und weißes T-Shirt, aber er trägt schwarze Motorradstiefel. Er ist dunkelhaarig, und seine Arme sind gut entwickelt. Ich stelle mir vor, er arbeitet in einem Lager, wo er mit dicken Handschuhen Kisten von einer in die andere Ecke schleppt, ohne je darüber nachzudenken, was sie enthalten mögen, während er sich in Gedanken auf die Stunde freut, wenn er seine Freundin wieder ficken kann.

»Kaum zu glauben, daß wir nur für diese blöden Zicken den ganzen Weg hergekommen sind«, sagte er leise. »Der ganze Abend versaut, und die sitzen wahrscheinlich irgendwo rum und fragen sich, wo wir bleiben.«

»Macht doch nichts«, sagt der Mann im Auto. Er hat den schweren, flachen Akzent von jemandem, der lange Zeit in New Jersey gelebt hat. Es ist ein Tonfall, den ich in den Straßen meines Viertels oft am Wochenende höre, wenn ganze Wagenladungen von jungen Männern wie diesen in die Stadt kommen, um ihren Wochenlohn in den hiesigen Bars durchzubringen. »Wir haben Bier. Wir haben die Nacht für uns. Ist doch Spitze.«

Eine Viertelstunde lang trinken sie schweigend, und die Zigarette des Mannes auf dem Bordstein glüht heiß auf, wenn er einatmet und Wolken von Rauch wie zum Opfer in den Himmel bläst. Ich fühle mich seltsam schuldig, während ich sie beobachte, als sei ich ein aufdringliches Geistwesen, das ihnen vom Himmel aus nachspioniert. Aber die Szene ist auf bizarre Weise faszinierend, einmal, weil sie so unerwartet ist, und einmal, weil sie so gar nicht zu dieser späten Stunde in meiner menschenleeren Straße paßt. Ich bleibe, wo ich bin. Überrascht stelle ich fest, daß mein Schwanz noch immer steif ist, und wichse ihn gedankenverloren, während ich die beiden Männer beobachte, die schweigend dasitzen. Dann sagt der Mann im Auto etwas.

»So 'ne Scheißhitze«, sagte er. »Ich schwitze wie'n Schwein.« In einer einzigen schnellen Bewegung zieht er sich das T-Shirt über den Kopf und wirft es auf den Rücksitz. Seine vom Türrahmen eingefaßte Brust ist breit und mit kräftigen Muskeln bedeckt, seine Brustwarzen sind groß, und sein Oberkörper wird zur Hüfte hin schmal. Es ist der Körper eines Mannes, der viele Stunden im Sportstudio zugebracht hat. Seine Titten sind zwei Berge aus Fleisch, und auf seinem Bauch zeichnen sich in Streifen die Muskeln ab. Er ist völlig unbehaart, und seine glatte Haut schimmert.

»So ist's besser«, sagt er und streckt sich im Sitz zurück, so daß ich nur noch seinen flachen Bauch sehen kann und das, was darunter ist, die dicke, weiche Beule in seiner Jeans. Mit der Bierflasche zieht er eine feuchte Spur über seine Haut und läßt sie zwischen seinen Beinen stecken.

»Zu blöd, daß wir die beiden nicht getroffen haben.« Spielerisch faßt er sich zwischen die Beine. »Mein Schwanz könnte jetzt 'n bißchen Action gebrauchen.«

Mit einem großen Schluck leert sein Freund seine zweite Flasche Bier. »Mach dir's doch mit der Hand, wenn du daheim bist.« Er steht auf und zieht den Reißverschluß runter. »Das tut ganz gut, und du mußt ihr nicht noch 'n Drink ausgeben oder so tun, als ob dir ihr Parfüm gefällt.« Er verschwindet im Schatten, und ich höre das sanfte Plätschern, als seine Pisse auf den Boden trifft.

»So lang halt ich's nicht aus«, sagt der Mann. Er setzt sich auf und fummelt umständlich an den Knöpfen seines Hosenstalls. Als sie offen sind, schiebt er sich die Hose bis kurz über die Knie. Sein halbsteifer Schwanz liegt lang und fett über seinem Schenkel. Ich kann den kurzgeschnittenen Busch um die Wurzel und den schweren Sack sehen, der zwischen seinen Beinen auf dem Sitz liegt.

»Was, zum Teufel, machst'n du da, Mann?« fragt sein Freund, als er sich umdreht und sieht, was passiert ist. »Am Ende sieht dich noch einer.«

Der Mann lacht. »Die schlafen doch alle. Außerdem kann`s dir doch egal sein.«

Er packt seinen Schwengel locker mit der Faust und fängt an, ihn langsam zu wichsen. Nach kurzer Zeit wird er in seinen Fingern steif und reckt sich zu voller Länge, so daß die dicke Eichel vier bis fünf Zentimeter über seinem Nabel auf dem Bauch zu liegen kommt. Er schiebt die Hose weiter hinunter und fängt ernsthaft an, sich einen runterzuholen, indem er mit der Hand in lässigem Rhythmus am Schaft entlangfährt.

Der Typ auf der Straße, vom Alkohol, den er die ganze Zeit über getrunken hat, vielleicht etwas kühner geworden, lacht nervös, während er zuschaut. »Du bist schon 'n verrückter Hund«, sagt er.

Der Mann im Auto spielt weiter mit seinem Schwanz, den er jetzt fester wichst und so in der Faust hält, daß er starr zwischen seinen Beinen aufragt. »Hey, hilf mir 'n bißchen?« sagt er. »Fühlt sich echt geil an.«

»Spinnst wohl«, kommt die Antwort. »Ich spiel' doch nicht mit 'm Dödel von 'nem andern Kerl rum.«

»Spielverderber!« spottet der Mann. »Ich wette, du bist echt gut, bei der Übung, die du mit deinem eigenen hast.«

Der Mann auf der Straße fängt an zu protestieren und bricht dann abrupt ab. Er stellt sein Bier hin, geht die paar Schritte zum Auto und macht vor der Tür halt. Zwischen den Beinen seines Freundes kniet er nieder, zu beiden Seiten einen großen gestiefelten Fuß neben sich. Die beiden Knie packt er leicht mit je einer Hand, wobei er versucht, seinem Freund nicht in die Augen zu blicken.

»Ja, so ist recht«, brummt der Mann. »Hilf mir 'n bißchen, so wie 'n guter Kumpel.«

Eine Hand geht nach oben, um den nackten Schenkel zu berühren, wobei sie kurz zögert, als die Finger den Übergang von den rauhen Jeans zu dem weichen Gefühl von Haut auf Haut registrieren. Er macht weiter, bis er zur Schwanzwurzel kommt, wo seine Finger sich um den dicken Schaft schließen. Jetzt hört der Mann auf, mit sich selbst zu spielen, und läßt seinen Freund machen, verschränkt die Arme hinterm Kopf, während sein Kumpel anfängt, ihn mit zögerlichen Bewegungen zu wichsen und den unvertrauten Schwengel mit der Faust zu bearbeiten.

»Genau, wie wenn du dir's selbst machst«, sagt der Mann im Auto. »Mach's genau so, wie wenn du dir selber einen runterholst.«

Bei dieser Wendung der Ereignisse möchte ich gerne genauer hinsehen. Ich klettere über den Fenstersims und schleiche mich so geräuschlos wie möglich hinaus auf meine Feuerleiter. Die nächtliche Luft hüllt meinen nackten, schwitzenden Leib ein, während ich mich so auf die Stufen zur nächsten Etage setze, daß ich sehen kann, was unter mir vorgeht. Das Metall der Stufen ist warm und preßt sich rauh an meinen Arsch und meine Fußsohlen. Die beiden Männer haben mich nicht gehört oder gesehen, und ich habe einen perfekten Blick auf das Auto und auf das, was im

Innern passiert. Ich schaue in die leere Scheibe des Fensters gegenüber und bete, daß niemand das Licht einschaltet.

Der Mann auf dem Boden wichst den dicken Schwanz jetzt lockerer, fährt von der Wurzel bis zu der schweren Spitze und schließt die Finger um die Eichel. Seine andere Hand erforscht die festen Muskeln auf Bauch und Brust seines Freundes. Als dieser ihm eine Hand auf den Kopf legt und ihn nach unten drückt, hält seine Hand inne, und er fängt an, die fetten Eier vor seinem Gesicht abzulecken. Ich sehe, wie der Kopf langsame Kreise beschreibt, während er die Zunge über die warme faltige Haut führt, die die reife Frucht umhüllt. Ich stelle mir vor, wie es für ihn sein muß, da er zum erstenmal die Eier seines Kumpels so fest an seiner Zunge, so warm in seinem Mund spürt. Ich massiere mir selbst die Nüsse, während ich zuschaue, halte sie zwischen den Fingern und lasse sie wieder zurückfallen und unter mir pendeln.

Der Typ im Auto zupft an der Spitze seines Geräts, während ihm die Eier gelutscht werden, und packt von Zeit zu Zeit fest seinen Schwanz und schlägt ihn sich mit einem weichen Klopfen, das drei Stockwerke höher kaum zu hören ist, auf den Bauch. Lauter ist sein Stöhnen aus seiner Kehle, das wie Rohseide in meine Ohren dringt. Nach einigen Minuten legt er die bleichen Finger seiner riesigen Hand, die sich gegen das dunkle Haar abhebt, in den Nacken des anderen und zieht ihn nach oben. Er preßt die Lippen an den soliden Schaft und sagt: »Jetzt blas mir einen.«

Der Kopf des Knienden hebt sich kurz, als er den Schwengel seines Freundes zwischen die Lippen nimmt. Langsam gleitet er an dem fetten Teil nach unten; offensichtlich ist es für ihn das erste Mal, daß er den Ständer eines anderen Mannes im Mund hat. Seine Bewegungen machen ihm anfangs Mühe, aber dann lernt er rasch, wie er mit so viel Fleisch in der Kehle atmen muß. Bald lutscht er den feisten Prügel, und sein Rücken und die Schultern bewegen sich rhythmisch auf und ab, wobei seine Hand den Weg der Lippen nachzeichnen, als er sich den dicken Schaft immer tiefer in den Mund zwingt.

Während ich zuschaue, wie er seinem Mackerfreund einen bläst, wichse ich meinen eigenen Schwanz auf gleiche Weise, indem meine Finger das Auf und Ab seines Mundes nachahmen. Inzwischen bin ich noch geiler als nach dem Aufwachen, und bei jeder Berührung meiner Finger an meinem Ständer schießen sengende Funken tief aus meinem Innern. Von der Hitze trieft meine Haut vor Schweiß, und ich spüre, wie er mir in winzigen Tropfen an den Seiten herabrinnt und von gelegentlichen Brisen auf meinem Körper getrocknet wird. Ich spüre, daß ich mich immer mehr dem Höhepunkt nähere, aber ich will noch nicht kommen – nicht bevor ich sehe, was die Kerle unter mir noch anstellen. Mir ist, als sei noch nicht alles vorbei, und unterdrücke mein Bedürfnis, um abzuwarten, was die nächtliche Szene als nächstes zu bieten hat.

Der Mann im Auto packt mit beiden Händen seinen Freund fest im Nacken, drückt ihn nieder, um dann wieder loszulassen. An der Art, in der sich die Hüften vom Sitz heben, wenn er seinen Schwanz zwischen die eifrigen Lippen treibt, erkenne ich, daß er gleich kommen wird. Als der Mann am Boden versucht, auszuweichen, weiß ich, daß er gerade tief in dessen Kehle abspritzt. Er hält den Kopf des Mannes an Ort und Stelle, bis er versiegt ist, und läßt ihn erst los, als sein Höhepunkt verebbt. Der Mann am Boden dreht den Kopf zur Seite. Es ist ihm nicht gelungen, die gesamte Ladung des Mannes zu schlucken, so daß ein Spermafaden aus seinem Mund auf die Straße rinnt. Er hängt ihm in einem dicken Klumpen von den Lippen und schwingt leicht hin und her, bevor er herabfällt. Mit dem Handrücken wischt er sich den Mund.

Er steht auf und entfernt sich von dem Auto, um nach einer Bierflasche zu greifen und den Geschmack in seinem Mund runterzuspülen. Der Mann drinnen steigt aus und folgt ihm, und zum erstenmal sehe ich sein Gesicht. Er ist sehr hübsch. Nicht schön, wie die Männer, die ich in den Bars oder in den besseren Stadtteilen sehe, sondern markig und irgendwie realer, lebendiger. Sein Hals ist kräftig, seine Kiefer breit, und sein gesamter Körper bewegt sich mit maskuliner Kraft. Seine Nase ist leicht gebogen, als habe er sie vor langer Zeit beim Football oder bei einer Schlägerei mit einem anderen Mann wegen einer verlorenen Wette in irgendeiner düsteren Bar gebrochen. Sein Haar ist so kurzgeschoren, daß es unter der Straßenbeleuchtung eine Art Heiligenschein bildet.

Er beugt sich nieder, schnürt sich die Stiefel auf und zieht sie aus, dann läßt er die Hose folgen. Barfuß und nackt steht er auf dem Bordstein neben dem Auto. Sein Körper ist in Licht getaucht, und sein noch immer steifer Schwanz ragt hervor, als er die Arme hebt und über den Kopf streckt. Er erinnert mich an ein Tier im vollen Bewußtsein sowohl seiner Kraft als auch der völligen Macht über seine Umwelt. Ich erstarre in der Befürchtung, er könne nach oben blicken und sehen, daß ich ihn beobachte. Aber obwohl er einen Augenblick innehält, dreht er sich nicht um.

»Jetzt du«, sagt er zu dem anderen Mann, der am Auto lehnt und ihn betrachtet. »Zieh dich aus.« Es ist ein Befehl, keine Bitte.

Als der andere sich nicht schnell genug bewegt, kommt er ihm zu Hilfe, zerrt ihm das T-Shirt aus der Hose und zieht es ihm über den Kopf. Obwohl nicht so muskulös wie sein Freund, ist der Körper des Dunkelhaarigen immer noch beachtlich. Als ihm das T-Shirt über den Kopf gezogen wird, erkenne ich unter seinen Armen zwei Haarbüschel, die einzigen dunklen Stellen an seinem ansonsten glatten Körper. Als nächstes ist seine Jeans an der Reihe; sie fällt zu Boden und enthüllt einen kurzen, dicken, bereits steifen Schwanz. Sein Body sieht aus, als sei er rasiert, ebenso seine Eier.

Der größere Mann packt den Schwanz, den er vor sich hat, und fängt an, roh an ihm zu zerren. »'N hübsches Stück hast du da«, sagt er, während er an den haarlosen Eiern fingert.

Er fällt auf die Knie und beginnt, den Prügel des anderen zu blasen, während er mit dem eigenen Schwanz spielt, der einen langen Schatten auf die fahle Fläche des Bordsteins wirft. Er geht vor wie ein Fachmann und fährt, das Gesicht zwischen den gespreizten Beinen vergraben, mit dem Mund vom Schaft bis zu den Eiern darunter. Nach kurzer Zeit legt der stehende Mann die Hände auf die breiten Schultern unter sich, und seine Finger kneten die dicken Muskeln, während sein Schwanz geschmeidig und gleichmäßig im Mund des anderen ein- und ausfährt.

Es kümmert mich nicht mehr, ob ich beobachtet werde oder nicht. Meine Hand gleitet schnell über meinen Ständer und quetscht dünne Streifen von Lusttropfen aus der Eichel, während ich die Szene unter mir in mich aufnehme. Mein Arm schmerzt von der immergleichen Bewegung, und ich spüre, wie die Haut an meinem Schwanz wund wird, höre aber nicht auf. Ich spucke mir in die Hand, um mir den Schaft anzufeuchten und die sengende Hitze zu mildern. Mein Rücken ist so fest an die Stufen gepreßt, daß sich mir das Metall in die Haut zu fressen beginnt.

Der große Mann steht auf und nimmt seinen Kumpel am Arm, um ihn so zu dirigieren, daß er im Lichtkegel steht. Er stößt den anderen gegen den Bug des Autos, so daß dieser mit ausgestreckten Armen und gespreizten Beinen über den Kühlerhaube liegt. Mit seinen großen Händen reißt er die erwartungsvollen Arschbacken auseinander und stößt einen langen Finger direkt in das Loch in ihrer Mitte. Der Mann auf dem Auto bäumt sich leicht auf, als der Finger in ihn eindringt, und stößt den Angreifer zurück, der ihn roh niederdrückt, bis er stillhält. Mit dem Finger lockert er den engen Muskelring, bis der Mann unter ihm bequem auf seiner Hand auf und ab gleitet.

Er zieht den Finger heraus und bringt seine Eichel zwischen den Backen des anderen in Stellung, führt einen Stoß nach vorne aus und dringt in einer gleitenden Bewegung in ihn ein. Ich sehe, wie sich das Gesicht des Mannes vor Schmerz verzerrt, als sein Loch von dem riesigen Schwengel ausgefüllt wird. Dann, als die Lust ihn mit leuchtenden Armen umfängt, entspannen sich allmählich seine Züge. Als der Mann anfängt, ihn mit langsamen Stößen zu ficken, streicheln seine Hände das glatte Metall der Kühlerhaube, als sei es die Haut auf dem Rücken seines Lovers.

Der Mann vögelt den Arsch unter sich mit immer schnelleren Stößen, und die Schatten, die die Gebäude um ihn her auf seine nackte Haut werfen, beben wie Blätter im Wind, wobei sie sich im Takt seiner Bewegungen ausdehnen und zusammenziehen. Deutlich sehe ich den langen Schwanz, der rasch zwischen den weichen Halbkugeln gleichmäßig ein- und ausfährt. Seine Hände haben die Hüften des Kumpels fest im Griff, die Muskeln auf seinem Arsch senken und heben sich, während er immer heftiger zustößt.

Meine Hand gleitet geschmeidig über meinen Ständer, während ich ihnen beim Ficken zuschaue. Ich spreize die Beine und schiebe so weit es geht einen Finger in mein Loch und massiere die Öffnung, wobei ich mir vorstelle, daß der Schwanz des Mannes meine Rosette vögelt. Ich führe den Finger an meine Lippen, rieche den würzigen Duft meines Arsches und stelle mir vor, es sei seiner. Ich stecke den Finger in den Mund und lecke langsam und gierig, während ich mein Gerät weiter im Takt der Männer bearbeite, die mich so erregt haben.

Der Mann, der gefickt wird, reibt das Gesicht an der Oberfläche des Autos und leckt das Metall ab. Er schiebt die Hand unter sich und versucht, sich abzustoßen, um an seinen Schwanz zu kommen und sich Erleichterung zu verschaffen, aber es gelingt ihm nicht. Er streckt die Hände zur Windschutzscheibe aus und windet sich auf der Kühlerhaube, festgenagelt vom Gewicht des schwereren Mannes und der Gewalt des hämmernden Schwanzes. Endlich zieht sich der Mann zurück und gestattet seinem Gefangenen, aufzustehen, während er weiterhin seinen Prügel in den engen Arsch treibt. Der Schwanz des Dunkelhaarigen hüpft unter den stoßenden Bewegungen frei auf und ab. Er packt ihn und wichst ihn wütend mit der Hand, unter der die Eier wie wahnsinnig gegen die Haut klatschen, während er sich beeilt, den Akt zu seinem Ende zu bringen.

Zurückgelehnt ruht sein Kopf an der Schulter des anderen Mannes, als er kommt. Ein weiter, weißer Bogen schießt aus seinem Schwanz und zerschellt auf der Kühlerhaube. Sein Arm setzt die Pumpbewegungen fort, als Welle um Welle in die Luft steigt. Dann wird er nach vorn gestoßen und bricht über dem Auto zusammen, während der andere seinen Schwanz herauszieht und den Rest mit der Hand erledigt. Mit gespreizten Beinen stößt er die Hüfte nach vorn und bearbeitet seinen Kolben mit kurzen, schnellen Stößen, bis auch er einen Batzen Sperma in die Nacht entläßt. Der dicke Schwall blitzt kurz im Licht auf, bevor er auf die ausgestreckte Gestalt des Mannes auf der Kühlerhaube niederregnet.

Bis zum Schluß beherrscht, gestatte ich mir nun die Erleichterung, nach der es mich verlangt, seit ich aufgewacht bin. Meine Eier ziehen sich zusammen, als ich die letzten Stöße mache und meine Ladung verströme. Als mein Körper unter der Wucht des Abspritzens erbebt, muß ich mir auf die Lippen beißen, um nicht laut aufzuschreien. In vier weiten Bögen schießt mir das Sperma aus dem Schwanz, und mit glasigem Blick schaue ich erschöpft zu, wie es durch die Luft auf die Straße unter mir fällt und nur wenige Schritte von dem Auto entfernt, aber von den beiden Männer unbemerkt, aufklatscht. Ein letzter Schuß bedeckt das stählerne Geländer der Feuertreppe mit einem klebrigen Fleck, dann sinke ich auf die Stufen zurück. Als ich die Augen öffne, sehe ich, daß die beiden Männer ihre Kleider aufgesammelt haben und wieder ins Auto gestiegen sind. In Wärme und Dunkelheit gehüllt sitze ich über ihnen, das Sperma trocknet auf meiner Haut, und mein Schwanz hängt ausgelaugt zwischen meinen Schenkeln. Ich sehe zu, wie die Scheinwerfer aufleuchten und das Auto sich langsam durch die Straße von mir entfernt und mich in der Stille zurückläßt.

DIE SÜNDEN DER VÄTER...

An dem falschen Gesang und den dünnen Dampf-
schwaden, die unter der Tür zum Badezimmer
drangen, erkannte ich, daß Jesse eine Dusche nahm. Ich
wußte auch, daß er guter Laune war, denn er legte richtig
los und schmetterte die Worte mit seiner tiefen Stimme nur
so heraus, während das Wasser gegen den Plastikvorhang
prasselte. Er vergaß immer, ihn ganz zu schließen, und
wahrscheinlich würde eine Riesenpfütze auf dem Boden
sein, wenn er fertig war. Seine Klamotten waren im Zimmer verstreut, und das Biologielehrbuch auf seinem
Schreibtisch war immer noch auf der gleichen Seite aufge-
schlagen, wie eine Stunde zuvor, als ich zu meinem Unter-
richt in alter Geschichte gegangen war.

Jesse war Anfang des Jahres von einer anderen Universität nach Evans gekommen, nachdem der Baseballtrainer
ihn engagiert hatte. Wir spielten zusammen in der Mannschaft, er rechts, ich auf der Second Base, und schließlich
kam es, daß wir zusammenzogen, als mein eigentlicher
Mitbewohner nach dem ersten Monat aufgab. Als Jesse
fragte, ob er einziehen könne, stimmte ich bereitwillig zu,
da ich schon damals scharf auf ihn war. Aber zugleich wußte ich, daß es ein Riesenfehler war.

Als ich Jesse zum erstenmal nackt im Umkleideraum sah,
war es um mich geschehen. Mit seinen fast einsachtzig war
er der Typ von Kerl, von dem man erwartet hätte, daß er

24

mit nacktem Oberkörper, von der Sonne gebräunter Haut und von harter Arbeit gestählten Muskeln auf einem Maisfeld irgendwo im Mittleren Westen arbeitet. Sein hellbraunes Haar betonte seine atemberaubend blaugrünen Augen, und er hatte eine so bedächtige, lockere Art zu reden, daß ich mich fragte, wie es wohl sein würde, ihn auf die vollen Lippen zu küssen und seine Hände über meinen Rücken streicheln zu fühlen. Zu alledem hatte er noch einen wunderschönen Schwanz. Lang und beschnitten pendelte er ihm beim Gehen zwischen den Beinen, wobei die Eichel ein paar Zentimeter unter seinen schweren, unbehaarten Eiern hing. Sein Arsch war ebenso appetitlich, und jedesmal, wenn er an mir vorbeiging, konnte ich mich nur mit Mühe zurückhalten, die Hand auszustrecken und die Rundungen seiner Hinterbacken zu tätscheln.

Während ich den Geräuschen von Jesse beim Duschen lauschte, stellte ich mir vor, wie er wohl aussah. Ich malte mir aus, wie das Wasser über seine glatte, muskulöse Brust und die kräftigen Beine rann, die Seife, die ihm um Schwanz und Eier glitschte und in weichen Flocken zu Boden fiel, wenn er sich einseifte. Ich sah sein nasses Haar, das ihm an der Stirn klebte, und wußte genau, wie es riechen würde, wenn ich hinter seinem Ohr schnüffelte, und wie es wäre, ihm den Hals abzulecken. Ich fragte mich, ob er an sich herumspielte, ob sein Schwengel in seiner Hand wachsen würde, wenn er ihn langsam wichste und das Wasser wie Finger auf seine Haut trommelte, wenn er sich die Eier massierte. Ich sah die fette Eichel anschwellen, wenn er sie mit voller Wucht wichste und seine Hand auf einer Haut aus Seife über den Schaft glitt.

Als das geistige Bild immer intensiver wurde, fing mein Schwanz in der Jeans an, steif zu werden. Ich rieb ihn durch die Hose hindurch, während ich daran dachte, wie Jesse sich nebenan einen runterholte und sich, im Glauben, alleine zu sein, Lust verschaffte. Ich wollte zusehen, wie er sich fertigmachte, den Rücken unter dem Wasser krümmte, wenn ihm der lange Strahl warmen, sahnigen Spermas aus dem Schwanz schoß und an den Kacheln zerschellte. Noch besser, ich wollte, daß er mir ins Gesicht spritzte, seine Ladung mir Lippen und Hals mit süßen Säften bedeckte, die ich ablecken und auf der eigenen Zunge schmecken konnte.

Der Gedanke daran war zu viel für mich. Ich vergewißerte mich, daß die Tür zum Bad fest geschlossen war, knöpfte hastig meine Jeans auf und streifte sie ab. Mein Schwanz drängte gegen den Stoff meiner Boxershorts, und an der Stelle, wo die Eichel meines fetten Zwanzig-Zentimeter-Bolzens erwartungsvoll tröpfelte, durchnäßte ein dicker Tropfen Schwanzsaft das dünne Material. Ich zog das Hemd aus, legte mich aufs Bett und spreizte die Beine. Mein Dödel lag kerzengerade auf meinem bepelzten Bauch, wo sich seine weiße Haut bleich gegen die schwarzen Haare abhob. Meine Eier hatten sich eng an den Leib gezogen, und ich bearbeitete sie mit einer Hand, während ich anfing, mein Gerät zu wichsen, was einen Strom silbrigen Getröpfels zwischen den kleinen rosigen Lippen der pilzförmigen Eichel hervorlockte. Während ich meinen Schaft pumpte, stellte ich mir vor, wie heißes Seifenwasser durch die Spalte von Jesses nacktem Arsch rann und wie die Hitze seine Haut erröten lassen würde, wenn das Blut an die Oberfläche drang. Ich wünschte mir, hinter ihm zu stehen, meine Eichel durch die Spalte zu ziehen, sie unter seine Eier gleiten zu lassen, während ich ihn langsam zwischen die Schenkel fickte.

Ich stellte mir vor, wie Jesse sich in der Dusche nach vorn beugte, wobei seine goldenen Arschbacken sich teilten, um sein rosiges Loch zu entblößen, wenn er sich an der Wand abstützte, damit ich in ihn eindringen konnte. Ich konnte seine Wärme förmlich spüren, als ich meinen Schwanz einseifte und ihm in einem einzigen langen Stoß die ganzen zwanzig Zentimeter meines Schwengels in sein enges Loch steckte. Ich würde die Arme um ihn legen, um ihn ganz fest an mich zu ziehen, und ich wußte, wie sich seine Brustwarzen unter meinen Fingern anfühlen würden, wenn ich sie zärtlich zwirbelte, während ich ihn von hinten fickte, wobei mein behaarter Bauch über seinen glatten Rücken gleiten würde. Es war so real, daß ich anfing zu stöhnen, als ich dem Moment immer näher kam, da ich abspritzen müßte.

Meine Phantasie erschien mir so wirklich, daß ich es nicht hörte, als Jesse das Wasser abdrehte. Gerade als ich kurz davor war, zu kommen, sah ich einen Schatten, und die Tür zum Bad öffnete sich. Rasch drehte ich mich auf den Bauch, als auch schon Jesse hereinkam, der nichts trug als ein Handtuch, das er um die Hüfte geschlungen hatte. Sein Schwanz formte eine beachtliche Beule unter dem weißen Stoff, und ich wußte, daß er noch vor wenigen Minuten steif gewesen und von dem Training, das er ihm hatte angedeihen lassen, noch immer halb steif war. Mein eigener Schwanz, angeschwollen und überhitzt, preßte sich schmerzhaft gegen meinen Unterleib, während ich so tat, als würde ich ganz locker auf dem Bett liegen. Ich stand noch immer kurz vor dem Orgasmus, und meine Eier schmerzten unter dem Bedürfnis, ihre Ladung freizugeben.

Jesse ging an mir vorbei und schlug mir roh auf den Arsch, gerade so, als befänden wir uns nach dem Training im Umkleideraum. Beim Gefühl seiner Hand auf meinem Hintern überschritt ich die Schwelle und schoß meine Ladung in drei gewaltigen Schwällen ab. Ich spürte, wie das warme Sperma mir über den ganzen Bauch glitschte, und vergrub mein Gesicht im Kissen, während ich mich bemühte, trotz der intensiven Empfindungen, die mich durchströmten, nicht laut aufzustöhnen. Ich kam so heftig, daß mein Arschloch sich verkrampfte und wieder entspannte, während sich unter mir meine Eier entleerten.

»Was geht denn da ab?« fragte Jesse, während er sein Handtuch fallen ließ und Unterwäsche und Jeans aus seiner Kleiderkommode zog.

Da ich noch immer auf der Woge meines Orgasmuses ritt, mußte ich erst ein paarmal schlucken, bevor ich antworten konnte. »Nicht viel«, sagte ich und spürte, wie unter mir die heiße Ladung die Laken durchnäßte und meine Haare verklebte. Jesse schien nicht zu bemerken, daß etwas Ungewöhnliches im Gange war, und ich fragte mich, wie zum Teufel ich aufstehen sollte, ohne daß er die Bescherung bemerkte. Alles wurde noch schlimmer, als er herbeikam und genau neben mir stand, während er seine Unterhose anzog und seinen Schwanz, der mir nur Zentimeter entfernt vor dem Gesicht baumelte, wegpackte.

»Hey, was machst'n du am Wochenende?« fragte er.

Ich nahm mich zusammen und versuchte, ganz normal zu klingen. »Nichts, denk' ich mal. Warum?«

Jesse setzte sich aufs Bett und zog die Socken an, seinen Hintern nur wenige Zentimeter von den Stelle entfernt, wo mein Schwengel noch immer von der Wucht meiner Schüsse brannte. Ich konnte die Wärme seiner Haut spüren und wurde wieder steif. »Mein Dad hat ein Ferienhaus an einem See zwei Stunden von hier«, sagte er. »Ich fahr' rauf, und er hat gesagt, ich könnte jemanden mitbringen, wenn ich wollte. Hast du Lust?«

Obwohl ich wahrlich schon nicht selten daran gedacht hatte, hatte ich nie versucht, etwas mit Jesse anzufangen. Da war so manche Nacht gewesen, in der ich mit zuckendem Ständer nur wenige Schritte entfernt von ihm gelegen und daran gedacht hatte, die Laken zu lupfen und ihm einen zu blasen, wie ihm im Leben noch keiner geblasen worden war. Und mehr als einmal hatte ich ihn nach dem Training unter der Dusche gesehen und hatte gehen müssen, bevor mein Ständer verriet, was ich von seinem süßen Hintern hielt. Aber ich hatte immer zu viel Angst gehabt, um wirklich auf ihn zuzugehen; und jetzt, da die Sommerferien näherrückten, schwanden meine Chancen. Ein Wochenende mit ihm in einem Haus erschien als eine perfekte Gelegenheit, selbst wenn Mutter und Vater dabei waren.

»Klar würd' ich deine Eltern gern kennenlernen«, sagte ich.

»Ach, da ist nur mein Dad«, sagte Jesse. »Meine Eltern haben sich scheiden lassen, als ich sieben war.«

Na toll, dachte ich. *Dann wird's also ein Vater-Sohn-Wochenende, und ich versuch' die ganze Zeit, dem Junior an die Hose zu kommen.* Ich sah mich schon Jesses Vater kennenlernen und sagen: »Wirklich sehr nett von Ihnen, mich einzuladen, Sir. Es macht Ihnen doch nichts aus, wenn ich nachher im Haus ihrem Sohn einen lutsche?« Glücklicherweise stand Jesse in diesem Moment auf, um sich hinzusetzen und noch etwas zu lernen, so daß ich auch aufstehen und ins Bad gehen konnte, bevor er den Spermafleck auf meinem Bauch bemerkte. Eine schnelle Dusche und noch eine Wichsrunde, und er würde nie erfahren, was geschehen war.

Am Freitagnachmittag schwänzten wir die beiden letzten Stunden und fuhren die drei Stunden bis zum Haus. Unterwegs dachte ich die ganze Zeit darüber nach, wie ich es anstellen sollte, Hand an Jesse legen zu können. Ich stellte mir vor, ihn im Wald in der Nähe des Sees flachzulegen oder auf dem Fußboden des Wohnzimmers, während sein Vater schliefe. Ich malte mir sogar aus, daß wir uns vielleicht ein Bett teilen müßten. Ein paarmal hatte mein Ständer gegen die Jeans gedrängt, und ich hatte an etwas anderes denken müssen, um mich nicht zu verraten.

Als wir beim Haus ankamen, fuhr Jesse vor und hupte zur Begrüßung. Ein Mann kam hinter dem Haus hervor und winkte. »Das ist Dad«, sagte Jesse und hielt an. »Denk dir nichts dabei, wenn er ein bißchen erstaunt wirkt, wenn er dich sieht. Ich glaube, er dachte, daß ich so was wie 'ne Braut mitbringe.«

»Na danke«, sagte ich und versetzte ihm einen Schlag auf den Arm. »Ich sag' ihm einfach, wir seien ganz besondere Freunde. Das dürfte ihn echt glücklich machen.« Jesse grinste nur dreckig und öffnete die Tür. »Komm«, sagte er, »wird schon nicht so schlimm werden.« Ich stieg aus und folgte ihm, wobei ich mich zum erstenmal fragte, wieso eigentlich Jesse keine Freundin mitgenommen hatte. Es gab bestimmt genug, die sofort zugegriffen hätten, wenn er sie gefragt hätte. Meine Laune besserte sich, als ich mir den Gedanken erlaubte, er könne vielleicht doch an mir interessiert sein.

Aber zuerst mußte ich an seinem Vater vorbei. Jake Hendricks, Anfang vierzig, war schlicht eine ältere Ausgabe seines Sohnes. Er war ein wenig größer und breiter in den Schultern, aber er hatte die gleichen blaugrünen Augen und das gleiche hellbraune Haar, wenngleich dieses kürzer geschnitten war als bei Jesse und an den Seiten grau zu werden anfing. Jesse hatte mir einmal erzählt, daß sein Vater eine Baufirma besaß, und ich konnte ihn mir leicht vorstellen, wie er über eine Baustelle ging und Anweisungen brüllte. Als Jesse uns bekanntmachte, packte sein Vater meine Hand mit festem Griff und lächelte beim Schütteln, wobei er die Lippe kräuselte genau wie Jesse. Es war ganz leicht, sich vorzustellen, daß Jesse in zwanzig Jahren genau wie er aussehen würde.

»Nett, Sie kennenzulernen, Tom«, sagte er gelassen. »Ich hatte mich schon gefragt, wen Jesse mitbringen würde.«

»Danke, Mr. Hendricks«, sagte ich und hoffte, daß er nicht fragen würde, was sich sein Sohn dabei dachte, einen anderen Kerl mitzubringen. »Ich freue mich, hier zu sein.«

Wir gingen ins Haus, wo meine erste Phantasie zu Staub zerfiel, als Jesse seine Tasche in einem Schlafzimmer abstellte und den Flur hinunter deutete, wo ich schlafen würde. Wir würden nicht nur nicht im gleichen Bett schlafen, sondern nicht einmal im gleichen Zimmer. Niedergeschlagen ging ich durch den scheinbar endlos langen Flur in mein Zimmer. Es war groß und luftig, hatte ein riesiges Bett und ein Fenster mit Aussicht auf den See. Ich setzte mich aufs Bett und war dankbar, daß es nicht quietschte. Da die einzige Action, zu der ich am ganzen Wochenende anscheinend kommen würde, die mit der eigenen Faust war, war es nett zu wissen, daß mich nicht das ganze Haus beim einsamen Wichsen hören würde.

Obwohl ich mich sehr wohlfühlte, wurde sehr schnell klar, daß aus meinen Plänen bezüglich eines Wochenendes voller Sex nichts werden würde. Während der beiden folgenden Tage versuchte ich mehrmals, mit Jesse alleine zu sein, aber es war wie verhext. Allzu rasch kam der Sonntagabend heran. An diesem Abend briet uns Mr. Hendricks Steaks im Freien, und wir saßen beim Essen auf der großen, ummauerten Veranda, während die Sonne über dem See unterging und ihn in ein Meer aus kupfernem Feuer verwandelte. Jake behandelte uns wie zwei gute Freunde, und es war angenehm, einfach so dazusitzen und fern von allem anderen mit zwei anderen Typen Bier zu trinken. Das Bier machte mich sogar ein wenig wagemutig, so daß ich beschloß, nach dem Essen zu versuchen, Jesse alleine zu erwischen.

Als wir mit dem Essen fertig waren, stand ich auf und reckte mich. »Das war wirklich toll, Jake«, sagte ich munter. »Ich glaube, ich mach' einen kleinen Spaziergang, um wieder 'was davon runterzukriegen. Lust, mitzukommen, Jess?«

Jesse schüttelte den Kopf. »Nein. Ich glaub', ich geh' gleich ins Bett. Wir müssen morgen ziemlich früh los, wenn wir zur ersten Stunde pünktlich sein wollen, und ich bin echt müde.«

Ich sah, wie meine letzte Chance sich in Luft auflöste. Nach einem langen, niedergeschlagenen Spaziergang am See, wo ich die Hälfte aller Steine am Ufer ins Wasser geworfen haben mußte, ging ich zum Haus zurück. Es war dunkel, und ich nahm an, daß Jesse und Jake beide zu Bett gegangen waren. Ich blieb vor Jesses Tür stehen und hörte seine rhythmischen Atemzüge. Ich lauschte eine Minute lang, dann ging ich schließlich alleine in mein Zimmer. Ich zog mich aus, trat ans Fenster und schaute hinaus auf die silbernen Streifen aus Mondlicht, die auf den schwarzen Wellen tanzten.

Gerade als ich mich umdrehen und zu Bett gehen wollte, spürte ich hinter mir jemanden auftauchen. Meine Hüfte wurde von Armen umschlungen, die mich fest an einen hart gewellten Bauch zogen. Warmer Atem kitzelte mich am Hals, gefolgt von einer Zunge, die mir über die Haut fuhr. Die liebkosenden Hände glitten zwischen meine Beine und fingen an, mit meinem Schwanz und den Eiern zu spielen.

»Ich glaubte, gehört zu haben, daß du wieder hereingekommen bist«, flüsterte mir leise eine Stimme ins Ohr. »Ich habe auf dich gewartet.«

Ich konnte es kaum fassen! Nach all der Zeit wurden meine Träume von Jesse wahr. Mein Schwanz wurde steif, als seine langen Finger ihn mit langen, bedächtigen Bewegungen wichsten und sein Mund sich seinen Weg über meinen Hals bahnte und mich zärtlich küßte. Ich spürte, wie die weichen Haare an seinen Armen meine Haut streiften, während er mich von hinten festhielt. Er war nackt und sanft drückte er seinen Körper gegen meinen Hintern. Ich spürte, daß sein Prügel angeschwollen war und sich dick und warm an mich preßte. Es war fast genau so, wie ich es mir vorgestellt hatte, nur daß es Wirklichkeit war, heißes Fleisch auf meiner Haut. Ich wollte ihn in meinem Mund haben.

Ich drehte mich um, sank in der Dunkelheit auf die Knie, voller Gier, Jesses dicken Riemen zu schmecken. Ich griff nach seinem steifen Mast und schloß die Hand darum. Er war noch viel größer, als ich ihn mir vorgestellt hatte, und ich mußte mich anstrengen, auch nur die Finger ganz um seinen steinharten Schaft zu schließen. Ich hielt ihn einen Moment lang in der Hand, um seine Härte zu spüren, dann beugte ich mich vor und küßte die weiche Haut um seine Eier, atmete seinen Duft ein, während ich anfing, seinen Schwanz von der Wurzel aus über den gewaltigen Schaft hinweg aufwärts abzulecken. Als ich zur Eichel kam, saugte ich zärtlich an ihr und fuhr mit der Zunge um den Rand.

»Darauf hab' ich lange gewartet«, sagte ich und schaute von meiner Position zu seinen Füßen aus zu ihm auf.

Aber es war nichts Jesses Gesicht, in das ich blickte. Es war das von Jake. Infolge der Dunkelheit im Zimmer und der Überraschung über das Geschehene hatte ich nicht einmal bemerkt, daß es Jesses Vater und nicht Jesse war, der es mit mir trieb. Und nun lag ich mit seinem steifen Schwanz in der Hand und vom Küssen seines warmen Schwanzfleischs brennendem Mund auf den Knien. Ich hatte noch seinen Geschmack auf der Zunge und wollte mehr. Durch meinen Kopf rasten so viele Gefühle, daß ich nicht mehr geradeaus denken konnte. Ich saß einfach da und spürte das Blut in Jakes Latte klopfen, während ich ihm in die Augen schaute.

Meine Gedanken brachen ab, als Jakes Hand mich am Hinterkopf packte und mich nach vorn zwang. Die Berührung seiner kräftigen Finger schienen den Bann zu brechen, und ich öffnete den Mund, um ihn zu empfangen. Seine Eichel glitt mir leicht durch die Lippen, und mehrere Zentimeter drangen mir in die Kehle, während mich sein Geschmack überwältigte. Jake fuhr fort, mich auf sein Gerät zu stoßen, und ich ergab mich völlig seinen fordernden Händen.

Als er seinen Schwanz so weit es ging in mir versenkt hatte, fing Jake an, mich langsam in den Mund zu ficken, wobei er mich jeden Zentimeter spüren ließ, den sein Schaft über Zunge und Lippen glitt. Während ich ihn lutschte, streckte ich die Hand nach oben aus, um mit seinen riesigen Eiern zu spielen, indem ich zuerst das eine, dann das andere massierte. Jake reagierte darauf mit heftigeren Stößen, bei denen er die Eichel herauszog und wieder hineingleiten ließ, damit ich mich daran weiden konnte. Er heizte mich derart auf, daß es mich nicht scherte, daß er der Vater meines Zimmergenossen war. Genaugenommen machte das Wissen, daß *dieser* Schwanz und *diese* Eier, an denen ich gerade lutschte, den Kerl produziert hatten, auf den ich scharf war, alles nur noch geiler. Alles was ich wollte, war, ihn in mir zu spüren, ihn zu bedienen, bis er mich mit seinem Sperma belohnte.

»Du siehst so scharf aus mit meinem Schwanz im Mund«, flüsterte er. »Warum kommst du nicht her, damit ich deinen bearbeiten kann?«

Ich stand auf und ging zum Bett, wo Jake mir Platz machte. Als ich es mir auf den Kissen bequem gemacht hatte, kniete er zwischen meinen Beinen nieder und nahm unser beider Schwänze in eine Hand. Langsam wichsend pumpte er die zusammengepreßten Schäfte. Ich spürte seinen Schwengel an meinem und seine Eier, die weich gegen meine klatschten, wenn sie sich im Takt seiner Hand hoben und senkten. Mit der anderen Hand massierte Jake die Muskeln auf meiner Brust und zupfte mit den Fingern in der dichten Behaarung.

»Ich würde gerne 'n bißchen frisches Sperma auf dieser netten haarigen Brust sehen«, sagte er mit einem kräftigen Zug an meiner Eichel.

»Mach nur weiter so, dann brauchst du nicht lange zu warten!« keuchte ich.

Jake beugte sich nach hinten und packte unsere beiden Schwänze, so daß sie unter seinem festen Griff steil in die Luft ragten. Er steigerte das Tempo seiner Bewegungen, und dann kochte meine Ladung über. »Oh Gott!« stöhnte ich. »Ich überschwemme gleich das ganze Zimmer.«

»Genau das will ich sehen.« Jake quetschte seinen Schwanz mit meinem zusammen, als der erste Schuß aus meinem Kolben losging. Ein dicker Schwall von Sperma, blaß wie Milch, stieg in die Luft und landete in einem langen Streifen, der vom Hals bis zu den Eiern reichte, klatschend auf meiner Brust. Ein zweiter und dritter bedeckten meinen Bauch und Jakes Hand mit noch mehr klebrigen Tropfen. Er fuhr fort, uns beide zu wichsen, und ich beobachtete, wie seine eigene Eichel anschwoll, um gleich darauf eine gigantische Ladung steil in die Luft zu schicken. Die Perlen seiner Männersahne prasselten ihm über die Brust, fielen auf meine Eier und durchweichten mich, während er mehrere Male kam. Ich spürte das wilde Zucken seines Schwanzes, als er immer wieder abspritzte und dabei mehr Sperma entlud, als ich es je gesehen hatte.

Als wir beide fertig waren, war mein gesamter Oberkörper mit Sahne bespritzt, und Jakes Hand triefte davon. Jake führte die Hand zum Mund und leckte sich etwas Sperma von den Fingern. »Schmeckt toll«, sagte er, während er unseren vermischten Samen schluckte.

»Na, ist ja auch wirklich genug da.« Ich zupfte an den klebrigen Wirbeln auf meiner Brust.

Jake lachte, genau so leise und wohltönend wie Jesse, und beugte sich tiefer. Er nahm meinen Schwanz in den Mund und lutschte ihn von jedem restlichen Tropfen Sperma sauber. Dann arbeitete er sich an meinem Körper nach oben und leckte auf dem Weg zur Brust die weißen Schlieren auf. Seine Zunge bohrte sich in meinen Nabel und wanderte gierig schleckend durch den pelzigen Streifen auf meinem Bauch. Als er an einer meiner beiden Brustwarzen ankam, biß er leicht hinein, und ein Schauer lief mir durch die Wirbelsäule. Er spürte es und fing an zu saugen, anfangs zärtlich, dann stärker, bis ich mich auf dem Bett wand. Ich legte ihm die Hände auf den Kopf und drückte ihn an mich, wobei ich spürte, daß mein Schwanz wieder steif wurde, als er mich mit der Zunge bearbeitete.

Ich bäumte mich unter Jake auf, und mein Schwanz schlüpfte ihm zwischen die Beine, während sein Mund meine Brustwarze folterte, bis er schließlich meine schmerzende Titte freigab und mit dem Mund zu meinen Lippen kam. Zu meinen beiden Seiten auf je eine Hand gestützt ragte er über mir, dann beugte er sich herab und küßte mich zum ersten Mal, wobei seine Eichel auf meinem Bauch lag. Mein Mund hieß seinen willkommen und nahm seine Zunge auf. Sein Gewicht lastete angenehm auf mir, als ich meinen Körper von seinem bedecken ließ und meine Arme sich hinter seinem Rücken schlossen.

Als ich seinen Ständer zwischen meinen Beinen spürte, konnte ich es nicht mehr erwarten, ihn im Arsch zu haben. Ich hob die Beine an seinen beiden Seiten ein wenig an, und sein Schwanz glitt wie von selbst unter meinen Eiern hindurch in meine Arschspalte. Ich spürte seinen Busch, der sich gegen meine Eier preßte und stieß selbst gegen ihn zurück. »Ich möchte, daß du mich fickst«, sagte ich ihm ins Ohr. »Ich möchte, daß du mich so hart fickst, wie du kannst.«

Jake ließ sich das nicht zweimal sagen. Er setzte sich auf und hob meine Knie an, so daß mein Arschloch freilag. Mit der Hand fuhr er über meine behaarten Arschbacken und massierte sie roh, bevor er mir einen dicken Finger in das erwartungsvolle Loch bohrte. Ich stieß einen kleinen Schrei aus, als er anfing in mich einzudringen, aber es war ein tolles Gefühl, ihn in mir zu haben. Ich war schon lange nicht mehr gefickt worden, und mein Körper begrüßte den Druck in meinem Arsch stürmisch. Als Jake den Finger nach einer Minute herauszog und ich spürte, wie sich seine

Schwanzspitze gegen mich preßte, hielt ich den Atem an.

Jake stieß zu und versank tief in meinem Arsch, während meine Beine über seine breiten Schultern glitten. Ich biß die Zähne zusammen, als der Schmerz mich durchzuckte, und Tränen stiegen mir in die Augen, als mein Loch sich bis an die Grenzen dehnte. Dann – ganz plötzlich – war er drin, und ich konnte mich entspannen und genießen, wie er mich ausfüllte, wie seine Hände mich an den Schenkeln packten. Ich konnte das Zucken seines Schwengels spüren, während er darauf wartete, mit den Stößen zu beginnen, und zog die Arschmuskeln um ihn zusammen.

Anfangs fickte er mich sachte, fuhr mit seinem Gerät der Länge nach ein und aus meinem gierigen Loch und kitzelte mich mit der Spitze, bevor er wieder eintauchte. Währenddessen wichste ich meinen Schwanz im Takt. Es war ein so schönes Gefühl, ihn in mir zu haben, daß ich froh war, daß er es war und nicht Jesse. Jake wußte wahrscheinlich eine Menge mehr darüber als sein Sohn, wie man einen Mann richtig zu ficken hat, und ich genoß jeden einzelnen seiner Tricks. Er ließ mich um noch mehr betteln, und ich genoß es.

Sobald ich eingeritten war, fing Jake an, mich zu rammeln. Wenn ich ihm die Hände auf den Hintern legte, konnte ich spüren, wie sich die dicken Muskeln spannten und wieder locker wurden, während er mir gegen die Schenkel klatschte. Meine Eier flogen ihm schwer an den Bauch, während er mich durchpflügte, und mein Loch fing an, von der Reibung seines ein- und ausfahrenden Kolbens zu glühen. Jake stieß mir die Knie bis fast zu meinen Schultern zurück, um noch mehr Spielraum zu haben, mich bewußtlos zu ficken. Immer wieder zog er seinen Schwanz bis ans äußerste Ende heraus und ließ mein Loch sich über der Spitze schließen, bevor er mich wieder aufbrach. Ich stand mehrere Male kurz davor, meine Ladung zu verlieren, aber jedesmal zwang ich mich dazu, abzuwarten, da ich nicht wollte, daß es vorbei war.

Jake begann zu grunzen, und ich spürte, daß er anfing, tief in mir zu kommen, wobei sein Schwanz noch weiter anschwoll, als sich seine Ladung in meine Höhle ergoß. Als ich fühlte, wie Jakes gewaltige Mackerladung in mich strömte, hielt ich es nicht länger aus. »Ich spritz' ab!« stöhnte ich.

Jake zog sich aus meinem Arsch zurück und beugte sich nieder. Er packte mich an den Eiern, die er fest im Griff hielt, während er mein Teil in den Mund nahm. Als seine Lippen sich um ihn schlossen fing mein Schwanz an, Salve auf Salve Sperma abzufeuern. Mir war, als würde ich entzweigerissen, als mein Leib immer wieder erbebte und ich in Jakes Kehle abspritzte, wobei ich mich so tief in ihn versenkte wie ich konnte. Er schlürfte jeden einzelnen Schuß, der aus meinem Schwanz explodierte; jeder Schluck zeichnete sich auf seiner Kehle ab, während seine Finger die letzten Tropfen aus meinem verausgabten Kolben molken.

Als Jake den letzten Tropfen meines Spermas geschluckt hatte, ließ er meinen Schwanz aus dem Mund fallen und legte sich erneut auf mich. In der Dunkelheit spürte ich sein Herz klopfen und streichelte mit der Hand über seinen Rücken. Mein Arschloch war warm von seiner Ladung, und ich spürte dort, wo sein Schwengel gewesen war, ein Ziehen.

»Stört es dich, daß es nicht Jesse war?« fragte er. »Ich hatte so ein Gefühl, daß du an ihm interessiert warst. Aber du sahst so scharf aus, als du da nackt herumgestanden bist, daß ich mich nicht mehr beherrschen konnte. Dein Arsch ist mir im Kopf herumgegangen, seit du hier angekommen bist.«

Ich lachte. »Na ja, also ich weiß, wie das ist. Aber nein, es ist okay. Außerdem ist ja vielleicht das alte Sprichwort wahr. Du weißt schon, ›Der Apfel fällt nicht weit vom Stamm‹.«

Jake küßte mich. »Also, ich weiß nicht, wie's bei Jesse ist. Aber wenn das stimmt, dann würde ich wirklich gerne mal *deinen* Dad kennenlernen.«

Am nächsten Morgen, als Jesse und ich uns zur Abfahrt fertig machten, kam Jake zum Auto, um sich zu verabschieden. »Es war schön, dich hier zu haben, Tom.« Seine Augen blitzten. »Du mußt mir versprechen, daß du wieder einmal kommst.«

»Danke. Das werd' ich ganz sicher«, sagte ich. Dann, indem ich mich so dicht zu ihm beugte, daß nur er es hören konnte, fügte ich hinzu: »Ich bin mir nur nicht sicher, ob alleine oder mit Jesse.«

PERFEKTER PASS

Du wirfst wie so'n altes Mütterchen!« schrie Paul quer übers Spielfeld, während er zu dem Ball trabte, den ich ihm gerade zugeworfen hatte. Er hatte ihn um gut fünf Meter verfehlt und war zwischen die Bäume gesprungen. Es war der vierte Fehlpaß, den ich an diesem Morgen geworfen hatte, und diesmal war's vollkommen daneben gegangen. Als ich ihn so hinter ihm herrennen sah, dachte ich mir wieder einmal, daß er für einen Mann, der kürzlich seinen 37. Geburtstag gefeiert hatte, wirklich einen schönen Hintern hatte.

Paul und ich spielten seit etwa einem Jahr in einer Freizeit-Footballmannschaft zusammen. Jeden Sonntag traf sich bei annehmbarem Wetter eine Meute im Park, um für ein, zwei Stunden den Ball herumzuwerfen. Als strikte Feierabendsportler waren die meisten von uns über das Alter hinaus, in dem man seine Werfer- und Fängerqualitäten vorführen will, und wir freuten uns nur auf die Unterbrechung unseres Alltags als Lehrer, Ärzte oder Polizisten. Meistens spielten wir eine Weile, um dann in einem Diner zu frühstücken, wo wir mit unseren kleinen Triumphen angeben konnten, während wir Pfannkuchen und Kaffee in uns hineinstopften.

Da ich mich fast augenblicklich zu Paul hingezogen gefühlt hatte, war ich enttäuscht gewesen, erfahren zu müssen, daß er in der falschen Mannschaft spielte. Noch lange nachdem er zum erstenmal zur Gruppe gestoßen war, sprach er nur selten über etwas anderes als seine Scheidung, die vor kurzem endgültig ausgesprochen worden war. Er hatte seine Ex-Frau auf dem College kennengelernt, an dem Paul Architektur studiert hatte, und sie war die Tochter eines seiner Professoren gewesen. Nach dem Abschluß hatten sie geheiratet, und Paul hatte eine Stelle in einer kleinen Firma angenommen. Einige Jahre lang lief alles wie geplant, bis er eines Tages nach Hause kam, um sie mit in die Luft gestreckten Beinen und zwischen diesen den Paketboten beim Vögeln vorzufinden.

In der Annahme, ein Tapetenwechsel würde ihm guttun, war Paul kurz darauf in unser kleines Städtchen in New England gezogen. Zur Footballgruppe stieß er einige Wochen nach seiner Ankunft; er hatte uns während eines Laufs durch den Park spielen gesehen. Er hatte eine Weile auf der Highschool gespielt und war uns willkommen als einer, der unser Amateurspiel um ein paar neue Tricks bereichern konnte. Als ich die Begeisterung sah, mit der er spielte, fing ich alsbald an, mich so in ihn zu vergucken, daß ich mir mit meinen 33 Jahren vorkam wie ein Schuljunge. Seit ich mit meinem Lover Schluß gemacht hatte und nach New England gezogen war, um zu schreiben, hatte ich keine Beziehung mehr gehabt, und nun stellte sich der einzige Kerl, auf den ich wirklich scharf war, als unantastbar heraus.

An jenem bewußten Tag war der Park weitgehend entvölkert. In der Woche zuvor hatte der erste strenge Frost eingesetzt, und unter seinem eisigen Hauch war das gesamte Gras im Nu braun geworden. Bei den ersten Anzeichen des Winters hatten sich fast augenblicklich die Bäume bunt gefärbt, und nun lag der Boden bedeckt von ihrem Laub, als ob jemand das Spielfeld mit roten und gelben Schnipsel übersät hätte. Die Luft hatte etwas greifbar Knackiges bekommen, und mit jedem Tag setzte der Abend früher ein und trieb die Leute vor ihren Kamin, wo sie auf den ersten Schnee warteten. Bei meiner Ankunft hatten ein paar Typen noch gespielt, aber die Kälte des Spätoktobers hatte sie nach einer halben Stunden nach Hause gejagt, und nur Paul und ich waren geblieben. Nun, da ich darauf wartete, daß Paul mit dem Ball zurückkam, rieb ich die Hände aneinander, um sie warm zu halten.

»Wird ganz schön kalt«, sagte er, als er mit dem Ball zurückgerannt kam. »Lust, auf 'nen Kaffee zu mir rüberzukommen?«

Obwohl er in letzter Zeit aufgehört hatte, von seiner Frau zu sprechen, war ich mir nicht sicher, ob ich Lust darauf hatte, einen ganzen Nachmittag mit Paul zusammen zu verbringen, da ich wußte, daß ich ihn niemals würde haben können. Besonders so, wie er jetzt aussah. Er trug dunkelgraue Sporthosen und ein weißes T-Shirt unter einem offenen blaukarierten Flanellhemd. Über dem Bund seines T-Shirts waren Büschel dunkler Haare zu sehen. Trotz seiner ausgeleierten Klamotten konnte ich seine Körperformen erkennen, besonders die dicke Beule zwischen seinen Beinen. Seine braunen Haare waren immer noch ungekämmt, als sei er gerade aufgestanden, und so, wie er mich aus seinen großen braunen Augen anschaute, sah er aus wie ein kleiner Junge, der fragt, ob sein bester Freund herauskommen und mit ihm spielen dürfe. Außer daß dieser kleine Junge einsachtzig groß und gebaut war wie ein Holzfäller.

»Klar«, sagte ich. Ein Lächeln breitete sich über sein Gesicht.

Eigentlich wohnte Paul ein wenig außerhalb der Stadt in einem großen alten Haus, zu dessen Renovierung er seine Talente als Architekt eingesetzt hatte. Ich hatte es bisher nicht gesehen, aber bei unseren sonntäglichen Frühstücken alles von ihm darüber gehört. Während wir in seinem Laster hinfuhren, erzählte er mir alles über das neue Dach, das er kürzlich gedeckt hatte. Ich beschäftigte mich damit, mir die Bäume, die an uns vorüberflitzten, und das Glitzern der Sonne im Wasser des Reservoirs, in dessen Nähe Paul wohnte, zu betrachten. Wir bogen in die lange Auffahrt ein und hielten vor dem Haus an. Auf den Stufen, die zum Seiteneingang führten, lag ein grinsender Halloweenkürbis, und ich stellte mir vor, wie Paul sorgfältig händeweise die Kerne herausgeschöpft und eigenhändig in der Küche das Gesicht hineingeschnitzt hatte.

Auf dem Weg zum Haus warf Paul den Football von einer Hand in die andere. Als wir in den langen, gewundenen Vorhof kamen, der zum Eingang führte, hielt er ihn in einer Hand fest. »Geh mal ein Stück weiter« – er deutete zum Haus – »Ich zeig' dir, wie's geht.«

Gehorsam ging ich los und rannte über den laubbedeckten Vorplatz, während er ausholte und einen langen, sauberen Paß warf. Der Ball stieg in die Luft, drehte sich und fiel dann wieder in meine Richtung. Ich legte die Hände zusammen, und er landete mühsam in dem von meinen Fingern geformten Nest, glitt ab und drohte, zu Boden zu fallen. Als ich im verzweifelten Versuch, den Ball festzuhalten, die Hände an die Brust zog, schaute ich auf und sah Paul geradewegs auf mich zugerannt kommen.

Ehe ich ihm ausweichen konnte, schlossen sich Pauls Arme um mich, und ich fiel zu Boden, wobei ich ihn mitzog. Ich landete hart in einem Blätterhaufen, den Ball noch immer fest in den Armen und blickte in den klaren, blauen Himmel. Paul war genau auf mich gefallen und nagelte mich fest, und ich war mir seines auf mir lastenden Gewichts sehr wohl bewußt. Dann spürte ich noch etwas anderes – etwas, das sich mir fest gegen den Bauch preßte. Ich brauchte eine Sekunde, um zu erkennen, daß es sich um Pauls Schwanz handelte, und daß er einen Ständer hatte. Ich spürte seinen Atem an meinem Hals, wo sein Mund sich neben meinem Kopf befand, und die Art, wie er mich locker in den Armen hielt. Sein Schwengel wurde steifer und streckte sich entlang meines Bauchs aus.

Urplötzlich stieß Paul sich von mir ab und stand auf. Er beugte sich herunter und streckte die Hand aus. »Tut mir leid«, sagte er grinsend. »Schätze, ich hab' dich etwas zu stürmisch umgehauen. Mir ist sogar selbst 'n Augenblick lang die Luft weggeblieben.«

Ich nahm seine Hand, und er zog mich hoch. Auf dem Weg zum Seiteneingang und während er aufsperrte, sprach Paul kein Wort. Ich folgte ihm in eine große, helle Küche. Er warf den Football auf den großen Holztisch und breitete die Arme aus. »Da wären wir.«

»Toll«, sagte ich beim Blick auf seine Arbeit. Ich wußte, daß er alles bis zum letzten Schränkchen selbst gemacht hatte, und erneut bedauerte ich ihn, daß er alleine lebte und niemanden hatte, mit dem er das alles teilen konnte.

»Komm, ich zeig' dir das ganze Haus« sagte er, worauf er mich durch einen Türbogen weiter nach drinnen führte. Von Zimmer zu Zimmer zeigte er mir alles, was er an dem Haus gearbeitet hatte. Er hatte wirklich großartige Arbeit geleistet, sorgfältig die alte Tapete abgezogen und neu gestrichen, die Decken verputzt, neue Fenster eingesetzt. Obwohl er nicht viele Möbel hatte, war das Haus sehr gemütlich. Paul wirkte wie ein Junge, der sein neues Spielzeug vorführt, und ich zeigte ihm, wie beeindruckt ich war, indem ich fleißig über alles Fragen stellte.

»Das Beste kommt droben.« Er öffnete eine Tür im Flur, die auf eine Treppe führte. »Wart ab, bis du die Aussicht von hier oben siehst.«

Die Stufen führten ein Stück nach oben, machten eine scharfe Biegung nach links, um dann in eine große, offene Fläche überzugehen, die Paul in ein Schlafzimmer verwandelt hatte. Unter die Spitze des Hauses geschmiegt, gingen seine beiden großen Mansardenfenster auf den Hinterhof und den Kiefernwald hinter dem Haus hinaus. Die Holzdielen waren sorgfältig abgezogen und erneuert und die Wände pastellgrün gestrichen worden. Es war sehr schlicht möbliert, so daß das Augenmerk auf ein großes Holzbett gezogen wurde, auf dem ein weiches weißes Deckbett lag.

Als ich durch das Fenster die Aussicht bewunderte, trat Paul hinter mich. Seine Hand strich mir im Rücken über das Sweatshirt, so daß ich einen Satz machte. »Tut mir leid« – schnell zog er seine Hand zurück –, »du hattest da noch Gras von wo ich dich umgeworfen hatte.«

»Das wundert mich nicht«, erwiderte ich. »Du hast mich ja richtig über den Haufen gerannt.«

Paul setzte sich auf die Bettkante und zog seine Schuhe aus und warf sie in die Ecke. »Du mußt noch lernen, den Ball zu fangen, ohne nach unten zu schauen«, sagte er. »Komm her, ich zeig' dir, wie ich das meine.«

Frontal stellte ich mich vor ihn hin. Immer noch sitzend nahm er meine Hände. »Schau« – er legte seine großen Hände über meine –, »du mußt sie dichter zusammenhalten. So etwa.«

Locker hielt er meine Hand, und seine Finger streiften

meinen Handrücken. So von ihm berührt zu werden, machte mich ein wenig zu erregt, um mich wohlzufühlen, und ich hoffte, ich erschiene ihm nicht zu nervös. Ich versuchte, mich auf das zu konzentrieren, was er sagte, und nickte, ohne eigentlich zuzuhören, als der Druck seiner Finger auf meiner Haut zunahm. Dann wurde sein Griff fester, und er zog mich nach unten, wobei er sich auf das Bett zurücklegte, so daß ich auf ihm lag. Er hielt noch immer meine Hände, und ich blickte auf sein Gesicht herunter.

»Schau nur, was passiert, wenn du nach unten schaust«, sagte er.

Seine Stimme war eigentümlich sanft, als fürchte er sich vor etwas. Aber er machte keine Anstalten, mich loszulassen; erwartungsvoll bohrten sich seine Augen in meine. Ich blickte auf sein hübsches Gesicht hinab, seine von dunklen Stoppeln umschattete Kieferpartie, die kleine Narbe an seinem Kinn. Seine Lippen waren leicht geöffnet, und ich spürte, wie sein Herz schwer gegen meine Brust schlug. Ohne nachzudenken, beugte ich mich hinunter und küßte ihn zärtlich auf die Lippen. Als ich das Gesicht zurückzog, sah ich, daß er lächelte.

Er ließ meine Hände los, und ich fuhr damit über den abgetragenen Stoff seines Flanellhemds, über die Muskeln seiner Schulter und an den Seiten abwärts. Ich griff hinein und steckte meine Hand unter den unteren Rand seines T-Shirts, um die warme Haut zu berühren und das Scheuern der Haare auf seinem Bauch auf meiner Handfläche zu spüren. Indem ich mit den Händen am Bauch nach oben fuhr, schob ich das T-Shirt hoch und entblößte immer mehr von seinem Oberkörper.

Als ich zur Hälfte seiner Brust gelangt war, machte ich halt und ließ meine Hände auf beiden Seiten seines Brustkastens ruhen, um seine Wärme und Kompaktheit in meinem Armen zu genießen. Sein Nabel war von einem Büschel kurzer Haare umgeben, und ich beugte mich runter, um ihn mit der Zunge zu umkreisen, ihn zu kitzeln und zu küssen. Mit dem Mund ging ich langsam nach oben, indem ich mit der Zunge der Linie von Haaren folgte, die ihm vom Bauch bis zur Brust verlief, und sanft seine Haut ableckte. Er schmeckte leicht nach Schweiß, den er beim Ballspielen ausgeschwitzt hatte, und dessen süße Würze auf meiner Zunge vereinigte sich überwältigend mit der Rauhheit seiner Haare an meinen Lippen.

Während all dessen hatte Paul sich nicht geregt; er beobachtete einfach jede meiner Bewegungen auf seinem Leib. Es war, als stünde er unter einem Bann und hielte den Atem an, bis jemand ihn erweckte. Als ich zu der Linie kam, die von dem T-Shirt um seinen Körper gebildet wurde, sagte ich ihm, er solle sich aufsetzen. Ich riß ihm das Flanellhemd herunter und zog ihm das T-Shirt über den Kopf. Seine Brust war breit und kräftig, seine Brustwarzen fest. Auf der Brust standen die Haare, die ich über seinem Kragen gesehen hatte, und die Brustwarzen hoben sich als keine, rosige Spitzen gegen seine helle Haut ab.

Ich stand auf und zog mich hastig aus. Pauls Blick blieb auf mich geheftet, als ich mein Unterhemd ablegte und die Sporthose herunterzog. Er wanderte von meiner gutentwickelten Brust zu meinem Schwanz, der mir halb steif zwischen den Beinen hing und rasch an Umfang zunahm. Ich stieg wieder ins Bett, legte mich auf ihn und küßte ihn erneut auf den Mund. Seine Hände bewegten sich auf meinen Rücken und blieben dort, wo sie spielerisch die Muskeln auf meinen Schultern betasteten, und dann nach unten zu meinem Hintern gingen, wo seine Finger mich fest packten. Das Gefühl seiner Sporthose auf der Haut bildete einen scharfen Kontrast zu der Wärme seines nackten Oberkörpers, und ich rieb mich an ihm, während wir uns küßten, und genoß es, wie unten das rauhe Material an meinem Schwanz und meinen Eiern scheuerte, während ich oben fest an seine Haut gepreßt wurde.

Paul fing an, leise zu stöhnen, als ich ihn auf die Kehle küßte und ihn kitzelte, indem ich mit meiner unrasierten Wange über seine Haut kratzte. Meine Zunge schlüpfte hinter sein Ohr und dann hinein, worauf ich mich allmählich über seinen Kiefer und an seinem Hals abwärts vorarbeitete, um mit dem Mund seinen Leib zu erkunden. Ich packte sein kräftiges Handgelenk und hob es ihm über den Kopf, um in den dunklen Urwald unter seinem Arm einzutauchen und die Lippen in das schweißnasse, dichte Haar zu versenken. Ich kuschelte mich tief in den feuchtwarmen Fleck, atmete seinen männlichen Duft ein und leckte ihn sauber. Ich spürte, wie sich Pauls Schwanz durch die Sporthose hindurch an mich preßte und immer härter wurde. Wie ich aufgrund der Größe seiner Beule gemutmaßt hatte, war er lang und hart. Mein eigener war ebenfalls steif geworden, und nun lagen sie längsseits nebeneinander wie große, schlafende Raubtiere. Ich arbeitete mich zwischen Pauls Beinen nach unten und zog den Saum seiner Sporthose herunter, bis seine Schwanzspitze herausragte. Breit und zu einem dicken, stumpfen Punkt zulaufend stieß sie einen klebriger Strom aus, der die Haare auf seinem Bauch benetzte. Ich nahm die Spitze in den Mund, schloß die Lippen darum und wusch die berauschende Flüssigkeit ab, indem ich zärtlich daran nuckelte. Unter seiner Haut konnte ich das Blut pochen hören, als ich mit der Zunge um den Rand und ins Loch fuhr, um seinen Saft zu trinken.

Als ich Pauls Hose noch weiter herunter und ganz auszog, erhaschte ich den ersten Blick auf seinen massiven Bolzen. Der Schaft lag dick zwischen seinen Schenkeln, und seine Eier hingen schwer und rund in ihrem weichen Sack. Ich nahm das riesige Gerät in die Hand und fuhr langsam daran auf und ab, wobei ich noch mehr Saft aus dem Lippen seiner geblähten Eichel molk. Ich beschrieb eine gerade Linie an der Unterseite seines Schwanzes, bevor ich ihn wegwischte, indem ich mit der Zunge in langen Streifen über Pauls Schaft fuhr.

Paul setzte sich auf und sah mir dabei zu, wie ich ihm den Pimmel leckte. »Komm hier rauf«, sagte er nervös. »Ich möchte dir auch einen blasen.«

Ich manövrierte mich längsseits, so daß unsere Gesichter zwischen den Beinen des anderen steckten. Ich machte mich über seine Eier her und nahm eines in den Mund. Paul legte mir die Hand auf den Arsch und schob mich näher zu sich heran, während er meinen Schwanz in den Mund nahm. Ich war erstaunt, wie leicht er das ganze Ding in sich aufnahm, während seine Lippen gierig an meinem Schaft auf- und abkrochen. Sein Mund war heiß und weich und umhüllte mich wie eine warme Decke, während er sich jeden einzelnen Zentimeter vornahm. Ich schaute nach unten und beobachtete, wie mein Schwanz in seinem Gesicht ein- und ausfuhr und seine Wangen sich beim Blasen hoben und senkten.

Ich wandte mich wieder seinem Schwanz zu, indem ich mit der Zunge träge über das große Teil wanderte, sie in die Stelle hinter seinen Eiern bohrte und dann seinen Schaft ableckte, während sich sein Bolzen an meiner Wange rieb. Ich konnte kaum glauben, daß ich endlich die Gelegenheit bekam, den großen Macker zu bedienen, auf den ich das ganze letzte Jahr gewichst hatte, und glaubte noch immer nicht recht, daß ich nicht aufwachen würde, um festzustellen, daß alles nur ein Traum gewesen war. Aber der Schwanz in meiner Hand fühlte sich sehr real an und ebenso der Mund, der an meinem Schwengel auf- und abschlürfte.

Ich machte mich über Paul her, indem ich mir so viel wie möglich von ihm in den Hals stopfte. Er half nach, indem er selbst zustieß und mir die paar letzten Zentimeter in den Mund trieb. Um so viel wie möglich von ihm in der Kehle zu spüren, drehte ich mich auf den Rücken und zog Paul über mich, so daß er quer über meinem Gesicht saß. Auf diese Weise konnte er mir mit seinem Schwengel in den Mund pumpen, während er mich blies und mir seine Eier beim Rein und Raus übers Gesicht schleiften, als er seine fette Eichel in mich hineintrieb. Mit dem Finger fuhr ich in seine Spalte, um nach seinem Arschloch zu tasten. Mit nur einem Finger massierte ich seine zarte Öffnung, während wir unsere Schwänze in den Mund des anderen rammten.

Wir kamen gleichzeitig unter Strömen von Sperma, das uns in die Kehlen rauschte. Mein Mund füllte sich mit Pauls heißer Sahne, als sein Schwanz immer wieder zuckte und ich mich abmühte, alles runterzuschlucken, da ich auch nicht einen Tropfen seiner Milch verlieren wollte. Auch ich explodierte mehrmals, und Paul schluckte alles. Als er von mir herunterrollte, sah ich ein wenig von meinem Sperma auf seinem Kinn. Ich setzte mich auf, leckte es ihm von der Haut und küßte ihn.

Wir küßten uns mehrere Minuten lang, wobei unsere Zungen in unseren Mündern ein- und ausfuhren, während wir uns mit Streicheln wieder steif machten. Dann drehte Paul sich um, so daß er auf dem Bauch lag, den Kopf auf seinen Händen ruhend und ein Bein so angezogen, daß ich in dem Zwischenraum zwischen seinen Beinen seinen Schwanz und seine Eier auf dem weißen Bett sehen konnte. Seine Haare waren vor kurzem geschnitten worden, und der Nacken war ausrasiert, so daß der Haaransatz in einer sanften Kurve auslief, bevor er der weißen Haut seiner Schulter Platz machte, die mit hellbraunen Sommersprossen gesprenkelt war.

Ich beugte mich nach unten, um die Stelle zu küssen, an der sich die Wirbel seines Rückgrats in einer Reihe kleiner Hügel durch die Haut drückten, und streckte mich der Länge nach an seiner Seite aus, so daß mein Gewicht auf meinen Armen ruhte und mein Schwanz gegen die Einbuchtung in seinem Rücken genau über seinem Arsch gepreßt wurde. Langsam rieb ich meinen Schwanz an ihm und zeichnete die Rundungen seiner Halbkugeln nach. Paul spreizte die Beine noch weiter, und meine Eichel rutschte in das schmale Tal zwischen ihnen. An der Spitze spürte ich den runzligen Rand seines Lochs und drückte dagegen. Ein paar Zentimeter meines Schwengels glitten hinein, und ich hörte Paul nach Luft schnappen. Aber da er keine Bewegung machte, um mich zurückzuhalten, stieß ich weiter zu, bis meine Eichel den engen Muskelring passiert hatte und ich fühlte, wie die Wände seiner Rosette meinen Schaft liebkosten.

Als ich spürte, wie die Rundungen von Pauls Arsch meinen Bauch berührten, machte ich halt. Mein ganzer Bolzen war in seinem Loch vergraben, und meine Eier lagen dicht an seinen. Eine Minute lang lag ich einfach nur an ihn gepreßt und fühlte, wie die Hitze seiner Haut in meine Brust eindrang, während ich die Arme an seinen entlangstreckte, und seine Hände in meinen hielt. Dann fing ich langsam an, mich mit kurzen Stößen in ihm zu bewegen. Er grunzte leise, während ich sein enges Loch weitete, und ich spürte, wie seine Beinmuskeln sich entspannten, als er sich dem Gefühl überließ, mich in sich zu haben.

Ich fing an, in längeren, schnelleren Stößen zu pumpen, wobei ich den Schwanz fast ganz herauszog und dann wieder hineinbohrte, bis ich ganz in ihm drin war. Paul fing an, dagegen zu bocken, den Arsch um meinen Schwanz zusammenzuziehen, wenn ich ihn herauszog und sich in den Schultern aufzubäumen, wenn er seinen Arsch nach oben stemmte, um mir entgegenzukommen. Seine Finger waren in meine verschlungen, und mit jedem Stoß zog er mich tiefer in sich hinein. Ich spürte, daß mein Schwanz in Erwartung der Entladung anschwoll und verstärkte meine Bewegungen, so daß mein Bauch in sanftem, flüssigem Gleiten über seinen Rücken fuhr, während das Bett rhythmisch unter unserem Gewicht erbebte.

Als ich kam, war mir, als sei ich in einen tiefes Loch voll warmen Wassers gefallen, das sich rasch über meinem Kopf schloß. Mein gesamter Leib erzitterte, als ich Pauls Arsch mit meiner Ladung überschwemmte. Er schien mich verschlucken zu wollen, während ich Strom um Strom bis zum letzten Tropfen aus meinen bereitwilligen Eiern in sein gieriges Loch entlud. Als ich fertig war, zog ich mich aus ihm zurück, und er drehte sich um. Ich hob seine Beine an, um mich erneut in seine erwartungsvolle Rosette zu versenken.

Paul bearbeitete seinen Schwanz unablässig, während ich die ersten empfindsamen Zentimeter seines Tunnels reizte, indem ich ihn mit kurzen Stößen vögelte. Nach kurzer Zeit stöhnte er laut und warf den Kopf zurück. Ein weißer Batzen drang aus seinem fest umklammerten Schwengel und landete mit sattem Klatschen auf seinem Hals. Drei weitere Ladungen bedeckten seine übrige Brust mit dicken Tropfen, während er aufschrie und sein sprudelndes Gerät quetschte. Beim Anblick seiner Entladung spritzte ich erneut ab und zog genau als ich kam den Schwanz aus ihm heraus und überschwemmte ihm Eier und Bolzen mit einer neuen Schicht Sperma, bevor ich völlig ausgetrocknet neben ihm zusammenbrach.

Nachdem wir uns gesäubert hatten, lagen wir im Bett und schauten verträumt zu, wie der Himmel vor dem Fenster von Grau in Schwarz überging, die Sterne hervortraten und der Mond voll und rund über den Bäumen aufstieg. Es würde eine sehr kalte Nacht werden, und der Wind fing schon an, ums Haus zu heulen. Aber hier in Pauls Zimmer war es warm, und während ich ihm mit den Fingern durch sein noch immer feuchtes Haar fuhr, wünschte ich mir, der Winter würde ewig dauern, damit wir nie auseinandergehen müßten.

»Ich möchte dir noch etwas sagen«, sagte er. Mit den Fingern zerknüllte er nervös die Bettlaken.

»Noch mehr Überraschungen?« Ich erwartete, daß er mir sagen würde, er hätte das eben nur gemacht, weil er geil gewesen sei, und daß es nun Zeit für mich wäre, zu gehen.

Paul holte tief Atem. »Du kennst doch die Geschichte mit meiner Frau und dem Postboten, oder? Also, eigentlich war es andersrum.«

»Du meinst –«

»*Ich* war der, der's da besorgt bekam«, sagte er. »Ich konnte nichts dagegen machen. Ein Blick auf seine Beine in den blauen Shorts, und ich hab' ihn hereingebeten. Eins führte zum andern, und ehe ich mich versah, lagen wir im Bett, und er rammelte mich in den Arsch. Meine Frau kam heim, als ich gerade abspritzte. Ein Blick genügte, und sie packte die Koffer.«

Ich war sprachlos. »Und was ist mit dem Postboten passiert?« Es war die einzige Frage, die mir einfiel.

Paul lachte. »Keine Ahnung. Ich hab' ihn nie mehr gesehen. Ich war viel zu sehr damit beschäftigt, mir einzureden, daß das eine einmalige Sache gewesen sei, daß ich Männer eigentlich gar nicht mochte. Das jedenfalls hab' ich meiner Frau erzählt. Aber sie muß es besser gewußt haben. Sie forderte die Scheidung, und ich kam hierher, um zu versuchen, irgendwie weiterzumachen.«

»Und, hat es funktioniert?«

»Eigentlich schon – bis ich dich kennenlernte. Zuerst dachte ich, es sei nur, weil ich einsam war, weißt du. Dann fing ich an, von dir zu träumen und mich zu fragen, was du wohl den Tag über so machst. Aber da ich mir nicht sicher war, ob du auf Kerle stehst, wollte ich es nicht durch irgend eine Dummheit verderben.«

»Bis heute.« Ich zerzauste ihm das Haar und legte mich auf ihn, so daß ich ihm aufs Gesicht hinabschaute.

»Tja, bis heute. Es schien mir einfach an der Zeit, etwas zu unternehmen.«

Ich beugte mich hinunter und küßte ihn auf den Mund. »Ich bin froh, daß du's gemacht hast.«

»Ich auch.« Er zog mich fest an sich. Ich spürte, wie sein Schwanz sich gegen meinen preßte und schon wieder steif wurde. »Und weißt du was? Es ist der erste Fang, den du in dieser Saison hingekriegt hast .«

DER WEG ZU AL

Albert Grant saß auf dem Balkon des Showtime All-Male Theater und fragte sich, ob es erwartet wurde, daß man sich einen runterholte. Für alle Fälle hatte er sich beim Weggehen mehrere Papiertaschentücher in die Jackentasche gesteckt, die an seiner Seite eine kleine Beule bildeten, die leise raschelte, wenn er den Arm bewegte. Außerdem befand sich in der Jackentasche eine zerknitterte Anzeige, die er vor drei Tagen auf dem Heimweg vom Lebensmittelgeschäft entdeckt hatte. Die auf einen kleinen viereckigen blauen Zettel gedruckte Anzeige war um das Eisengeländer seiner Treppe gerollt gewesen, und er war fast daraufgetreten, als er die Stufen zu seiner Tür hinaufstieg. Er hatte sie nicht aufgehoben, weil ihn interessierte, was darauf stand, sondern weil er sich ärgerte, daß seine frisch geputzte Treppe beschmutzt worden war.

Er hatte sie überhaupt nicht gelesen, bis er seine Einkäufe ausgepackt und weggeräumt hatte, die Konserven in ordentlichen Reihen hinter der Glastür seines Küchenschranks, die Milch sorgfältig im Kühlschrank. Dann hatte er den Zettel von der Anrichte genommen, wo er ihn hingelegt hatte, und wollte ihn gerade wegwerfen, als er bemerkte, daß darauf das Bild eines nackten Mannes zu sehen war. Der Mann hatte einen außergewöhnlich großen

56

Penis, den Albert unwillkürlich hilflos anstarrte, fasziniert von der Art, wie er zwischen den Beinen des Mannes hing und Beachtung forderte. Die Anzeige war sehr deutlich gedruckt, und Albert konnte jede Rundung des großen Schwanzes erkennen, als seine Augen den Umrissen von dem sauber geschnittenen Busch des Mannes bis zu der Stelle, an der sie sich zu einer fetten, einladenden Eichel blähten, folgten.

Albert schaute sich den Schwanz eine Zeitlang an, bevor er den Blick höher richtete, um den übrigen Körper des Mannes zu mustern. Er schien Italiener zu sein, mit einem nicht allzu muskulösen Körper und einer mit kurzen dunklen Haaren bewachsenen Brust. Das Gesicht des Mannes hätte Albert als hübsch bezeichnet. Zu verwegen, um schön genannt werden zu können, mit Augen, die unter schläfrigen Lidern und dicken, gebogenen Augenbrauen hervorschauten. Der Schatten, der seine Wangen bedeckte, deutete darauf hin, daß er einen dichten Bartwuchs hatte.

Er sah aus wie einer jener Bauarbeiter, die Albert oft mit selbstbewußt in die Seiten gestemmten Armen und schweißbedeckten, tief gebräunten Oberkörpern an Straßenbaustellen sah, wenn sie Männerärsche begutachteten oder in der Ferne auf etwas starrten, was er nie genau erkennen konnte. Albert fühlte sich von ihnen angezogen und geängstigt zugleich. Wenn einer von ihnen zufällig in seine Richtung blickte, vergaß er sein Gesicht mehrere Stunden lang nicht mehr.

Was Albert an dem Mann außer seinem großen Schwanz noch interessierte, war die lockere Art, in der er auf dem Bild stand, so als sei er gerade aus seinen staubigen Arbeitsklamotten gestiegen, um nach einem langen Tag unter die Dusche oder ins Bett zu gehen. An seiner Haltung oder seinem Ausdruck war keine Spur von Verlegenheit zu sehen, und Albert fragte sich, ob der Mann sich überhaupt über die vielen Männer Gedanken machte, die dieses Bild sehen und gerne mit ihm schlafen würden. Er konnte sich nicht vorstellen, sich derart vor einer Kamera zu produzieren, und der Gedanke, daß jemand sein Bild so anschauen könnte, wie er das des Mannes, bereitete ihm eindeutig Unbehagen.

Laut der Anzeige hieß der Mann Tony Gioconda und würde ab nächsten Donnerstag eine Woche lang im ›Showtime‹ dreimal täglich live auf der Bühne auftreten. Albert hatte nicht die Absicht, sich auch nur in die Nähe des ›Showtime‹ zu begeben. Es lag in einer Gegend, die eher von Säufern und Nutten bevölkert wurde, die bei Anbruch der Dämmerung aus ihren Löchern krochen, und nicht von Architekten, die in Sandsteinhäusern wohnten. Trotzdem bewahrte er die Anzeige auf, faltete sie sorgfältig zusammen und steckte sie in die Brieftasche hinter seine goldene American Express Karte.

Während der nächsten Tage überraschte sich Albert oft dabei, daß er an den Mann dachte. Urplötzlich drängte sich ihm das Gesicht auf, während er etwas tat, das überhaupt nichts damit zu tun hatte, wie abwaschen oder den Grundriß für ein neues Restaurant zeichnen. Einmal, als er mitten dabei war, einem Kunden seine Entwürfe zu zeigen, stieg das Bild von Tony Gioconda vor ihm auf und überschattete das Gesicht des gegenübersitzenden Aufsichtsratsvorsitzenden. Albert hatte sich für einige Minuten entschuldigen müssen, um aufs Klo zu gehen und sich einen runterzuholen, wobei er sich vorstellte, wie der große Schwanz in seine Kehle eindrang.

Diese Unterbrechungen seines normalerweise geordneten Tagesablaufs hatten eine verblüffende Wirkung auf Albert, etwa so, wie wenn er auf einer vertrauten Straße um die Ecke biegen und sich an einer ganz anderen Stelle finden würde. Anfangs nervte es ihn, daß die glatte Oberfläche seines Lebens ganz unerwartete Wellen schlug. Aber dann fing er an, es zu begrüßen – gar es sich zu wünschen. Ständig nahm er die Anzeige aus seiner Brieftasche, um sie zu betrachten. Er genoß es, das gefaltete Bild des Mannes in seiner Gesäßtasche zu haben, so als ob sie sich kennen und etwas miteinander zu tun haben würden. Nach wiederholtem Zusammenfalten war der Zettel von bleichen, dünnen Linien überzogen, die Tony Giocondas Körper sauber in Vierecke unterteilten. Albert mochte die Art, in der Tonys verschiedene Körperteile von diesen Fenstern umrahmt wurden, besonders die Art, in der sein Schwanz im mittleren Quadrat hing, wie ein leckeres Stück Fleisch in der Auslage eines Metzgers, etwas, das von hungrigen Männern sehnsüchtig angestarrt wurde.

Einmal stand Albert nackt vor dem Spiegel und verglich seinen Körper mit dem von Tony. Er musterte eine Stelle seines Körpers, verglich ihn dann mit der entsprechenden Stelle auf dem Bild und stellte die Unterschiede fest. Für siebenunddreißig war er gut in Form. Sein Bauch war zwar nicht so gewellt und fest wie Tonys Bauch, aber flach. Seine Brust war glatt und einigermaßen fest, wenngleich nicht so gemeißelt wie die beiden Hügel des Italieners, und seine Arme waren ähnlich muskulös. Sein Gesicht war markant und seine blauen Augen unter dem hellbraunen Haar durchdringend.

Er nahm die gleiche Pose ein wie Tony auf der Anzeige und achtete darauf, wie sein Schwanz und seine Eier herunterhingen. In der Schule hatte er oft verstohlene Blicke auf die Penisse anderer Jungen geworfen, wenn sie verlegen unter der Dusche standen und versuchten, ihre Blicke irgendwo anders hinzuwenden als dorthin, wo sie wirklich hatten hinschauen wollen. Besonders angezogen hatte ihn ein Junge, der Sohn eines Lokalpolitikers, dessen Schwanz ständig halb steif zu sein schien und in einem dicker werdenden Bogen leicht nach oben von den Eiern abstand. Der Junge schien es entweder nicht zu bemerken oder sich nichts daraus zu machen, daß jeder seine Erektion sehen konnte, und seifte sich ein, als stünde er zu Hause unter der eigenen Dusche. Albert hatte mehrmals neben ihm gestanden, und einmal hatte der Pimmel des Jungen sein Bein berührt, als er sich umgedreht hatte, um sich abzuduschen. Er hatte sich nicht entschuldigt, und Albert hatte seine Dusche abkürzen müssen, um nicht mit einem Ständer ertappt zu werden, der sich zwischen seinen Beinen aufzurichten begann. In dieser Nacht hatte er im Bett wie wild onaniert und dabei mit der Hand die glühende Stelle an seinem Oberschenkel gerieben.

Er betrachtete seinen Schwanz, wie er sich im Spiegel darbot. Die Eichel hing zu einem stumpfen Punkt gerundet etwas unterhalb seiner Eier. Es faszinierte ihn immer, um wieviel größer sein Schwanz wurde, wenn er steif wurde. In schlaffem Zustand erschien er immer ein wenig klein, eher wie der eines Teenagers als der eines Mannes. Steif jedoch reckte er sich gute achtzehn Zentimeter, die in einer dicken Linie starr vom Körper abstanden. Aus seiner spärlichen Erfahrung war ihm bewußt, daß er den Männern gefiel, aber er hatte sich nie überwinden können, einen seiner Partner zu fragen, wie er im Vergleich zu anderen, die sie gehabt hatten, aussah.

Nachdem er seinen übrigen Körper inspiziert hatte, war

Albert zu Bett gegangen, wo er träumte, er sei wieder im Duschraum der Schule. Irgend jemand stand ganz dicht neben ihm, aber da der Dampf sehr dicht war, konnte er nicht erkennen, wer es war. Dann verflüchtigte sich der Dampf, und vor ihm stand Tony. Albert schaute verblüfft hin, als Tony den Arm ausstreckte, seinen Schwanz in die seifige Hand nahm und ihn langsam wichste, bis er steif war. Dann war er auf die Knie gefallen und hatte daran zu lutschen begonnen, während Albert seine Hand in Tonys glänzende, nasse Haare vergrub. Der Traum war sehr realistisch gewesen, und als Albert aufwachte, stellte er fest, daß er über seinen ganzen Bauch gekommen war. Er beschloß, an diesem Abend ins ›Showtime‹ zu gehen.

Nachdem er die Entscheidung getroffen hatte, war Albert in der Lage, den ganzen Tag zu arbeiten, ohne daran zu denken. Dann war er nach Hause gekommen, hatte sich umgezogen und den Bus zu einer Haltestelle in der Nähe des Theaters genommen. Der Fahrer hatte ihn nicht einmal eines zweiten Blickes gewürdigt, und Albert, der glaubte, der Mann müsse genau wissen, was er vorhatte, sagte sich, das sei deshalb so gewesen, weil der Fahrer ständig so etwas zu sehen bekam. Nachdem er einige Blocks an Läden vorübergegangen war, in denen Alkohol, billige Klamotten und Videos, die für jeden erdenklichen Fetisch etwas boten, verkauft wurde, fand er das ›Showtime‹. Die Glasscheiben an den Türen waren geschwärzt, und an der Außenseite hing ein Poster von Tony Gioconda, auf dem er so kauerte, daß er mit der Eichel fast den Boden fegte.

Albert bezahlte bei einer müde wirkenden Asiatin, die hinter einer dicken Plexiglasscheibe saß, wobei er sich fragte, ob sie wohl wußte, daß sie die Gebühren für die geheimsten Wünsche der Männer kassierte, worauf er durch die Tür einen stickigen, verrauchten, rot ausgeschlagenen Flur betrat. An den Wänden lehnten mehrere andere Männer, die hoffnungsvoll aufschauten, als er hereinkam. Albert blickte ihnen kurz ins Gesicht. Von einem, grauhaarigen Mann mittleren Alters, der noch den Anzug von der Arbeit trug, fühlte er sich kurz angezogen, aber er ging weiter. Rasch gewahrte er die Treppe zu seiner Linken und stieg hinauf zur Empore. Bis auf drei oder vier Männer, die auf den Sitzen verstreut waren, wie Reiskörner nach einer Hochzeit, war sie leer.

Albert suchte sich einen Sitz in der Mitte der Reihe direkt hinter der Balustrade aus und ließ sich auf dem weichen blauen Samtpolster nieder, nachdem er sorgfältig überprüft hatte, daß sich nichts Feuchtes mehr darauf befand. Während er darauf wartete, daß die Minuten bis zum festgesetzten Beginn der Show vergingen, schaute er sich nach den Männern um, die er von seinem Aussichtspunkt über der Hauptebene sehen konnte. Er hatte erwartet, das Publikum des Theaters sei alt und unattraktiv, und war überrascht, daß die meisten ganz ähnlich wie er selbst aussahen.

Hinter der kleinen Bühne vorne befand sich eine große weiße Leinwand, auf der ein Film mit zwei Männern, einem Weißen und einem Schwarzen, die auf einem Bett fickten, lief. Das Bett schien in einem Hotelzimmer zu stehen, und Albert fand es lustig, daß der Filmemacher eine kleine Bibel auf den Nachttisch gelegt hatte. Der Schwarze fickte den Weißen, der, den Kopf auf einem Kissen, auf allen Vieren kauerte. Der Schwarze vögelte ihn wild, und Albert fragte sich, wieso die Männer in Pornofilmen den Männern, die sie fickten, immer die Ärsche versohlten. Bei dem Film wurde sein Schwanz in der Hose leicht steif, und

Albert rutschte herum, um den Druck zwischen seinen Beinen zu vermindern.

Gerade als der Schwarze anfing, seine Ladung auf den Rücken seines Partners zu spritzen, wurde der Film abrupt angehalten. Die Lichter verdunkelten sich zu tintiger Schwärze, und das Haus wurde von Finsternis verschluckt. Über die Bühne wischte ein weißes Licht, und aus blechernen Lautsprechern, die überall im Haus verteilt waren, drang Musik. Hinter der Leinwand teilte sich ein Vorhang, und Tony Gioconda betrat die Bühne in einer Polizeiuniform und mit einem Schlagstock.

Albert, dessen Aufmerksamkeit auf Tony gezogen wurde, fand die Uniform sehr reizvoll und stellte sich vor, wie sich der Stoff in seiner Hand anfühlen würde. Zum Stampfen und Grollen der Musik bewegte sich Tony über die Bühne und wand im Takt seinen Leib. Er war kleiner als Albert es sich vorgestellt hatte und trug eine dunkle Brille, die seine Augen verbarg. Dennoch spürte er, wie seine Eier sich zusammenzogen, als Tony zum Rand der Bühne kam und sich den Schlagstock durch den Schritt zog.

Als erstes zog Tony das Hemd aus, indem er es langsam aufknöpfte und sich dann umdrehte, um es über den Rücken wie ein großes blaues Blatt zu Boden fallen zu lassen. Als er sich wieder dem Publikum zuwandte, rieb er sich mit den Händen über die Brust, zwirbelte seine Brustwarzen und steckte dann eine Hand vorne in die Hose. Nach ein paar weiteren Minuten entledigte er sich auch dieser, indem er sie jäh in einer einzigen flüssigen Bewegung herunter- und auszog.

Nur noch in einer winzigen dunkelblauen Unterhose und schwarzen Motorradstiefeln aus Leder fing er an, die Zuschauer aufzureizen, indem er die Unterhose so weit herunterzog, daß der Ansatz seines Buschs zu sehen war, um sie dann grausam wieder hochzuziehen. Er drehte sich um und ließ sie die festen Kugeln seines Hinterns sehen, wobei er sich nach vorn beugte, als warte er darauf, daß einer auf die Bühne rennen und anfangen würde, ihn zu ficken. Endlich riß er sich die Unterhose vom Leib und enthüllte seinen Schwanz.

Von der Empore aus konnte Albert nicht alle Einzelheiten erkennen, aber er sah, daß Tonys Schwengel wunderschön war. Lang und dick pendelte er schwer hin und her, während Tony wieder über die Bühne stolzierte. Wie der Penis des Jungen in Alberts Turnunterricht auf der Highschool pendelte er halb steif über seinen Eiern. Darauf fing er an, sich einen runterzuholen, indem er auf offener Bühne langsam seinen Schwanz wichste. Sein Blick war auf einen Punkt irgendwo im Publikum fixiert, und Albert fragte, sich ob er wohl jemand besonderen anschaute. Seine Hand zupfte verführerisch an dem dicken Bolzen, während seine Finger die Eichel preßten und sie auf die Männer richtete, die auf den Sitzen vor ihm saßen.

Darauf achtend, daß niemand ihn beobachtete, öffnete Albert den Hosenschlitz und zog seinen Schwanz heraus. Eine ganz besondere Erregung packte ihn, während er sich zurücksetzte und, den Blick unaufhörlich auf Tony gerichtet, anfing, mit seinem Schwengel zu spielen. Er hörte die leisen Geräusche von Männern, die sich durch die Dunkelheit um ihn her bewegten, was seine Erregung noch steigerte, da er wußte, daß sie, wenn sie genau hinschauten, sehen würden, wie er sich seiner ganz persönlichen Lust hingab. Er bewegte die Hand im Takt mit der von Tony und genoß das Gefühl seines heißen Fleisches unter seinen Fingern.

Mehrmals brachte er sich an die Schwelle, an der er im Unterleib ein Aufwallen verspürte, worauf er seine Bewegungen gerade so weit verlangsamte, daß ihm die Ladung nicht entströmte. Seine Eier begannen zu schmerzen, aber er war entschlossen, abzuwarten. Endlich, als er sah, daß Tony die Augen schloß, wußte er, daß es fast soweit war, und fing an, schneller zu pumpen. Als Tony mit festem Griff seine Eier packte und dicke weiße Schwälle aus seiner Eichel strömten, kam Albert in einem Lustrausch und spritzte sein Sperma mit einem leisen, klatschenden Geräusch auf den Fußboden zwischen seinen Beinen.

Dann war es vorbei, fast ebenso unvermittelt wie es begonnen hatte. Die Musik brach ab, und Tony verschwand hinter den Vorhängen. Die Lichter wurden etwas heller, und die Männer auf der Leinwand machten genau dort weiter, wo sie aufgehört hatten. Das Gesicht des Schwarzen verzerrte sich zu einer Grimasse der Lust, als er schließlich seine Ladung in einem großen weißen Bogen entlud, der den anderen Mann mit einer klebrigen Schicht bedeckte. Albert stopfte sich den Schwanz wieder in die Hose und zog rasch den Reißverschluß hoch. Er stand auf und verließ die Empore, rempelte zwei Männer an, die sich auf der Treppe küßten, verließ das Theater und stürzte sich in die abendliche Dunkelheit.

Am nächsten Abend sah Albert sich erneut den Bus besteigen, der ihn zu dem Theater brachte. Als er an der Haltestelle ausstieg, ging er forsch die Straße entlang, wobei er diesmal ganz genau wußte, wonach er suchte. Als er der alten Frau hinter der Scheibe das Geld gab, wurde er rot bei dem Gedanken, sie könne sich vielleicht vom gestrigen Abend an ihn erinnern. Aber wenn, dann ließ sie sich nichts anmerken, und er vergaß sie, sobald er durch die Tür getre-

ten war und sich wieder in dem rot tapezierten Flur fand
und spürte, wie sein Magen sich zusammenzog.

Albert hielt an der Treppe, die auf die Empore führte, an
und begab sich in den unteren Bereich des Theaters. Dieser
war belebter als die Empore, und in jeder Reihe saßen zwei
bis drei Männer. Als Albert durch den Mittelgang, der von
Schichten aus getrocknetem und frischem Sperma klebte,
nach unten ging, bemerkte er den grauhaarigen Mann, den
er am Abend zuvor gesehen hatte, und dessen Schwanz von
einem jungen Mann in kurzen Hosen und Micky-Maus-T-
Shirt gelutscht wurde. Sein Schwengel ragte aus dem
Schlitz seiner Anzughose, und der junge Mann fuhr lautlos
an ihm auf und ab. Der Mann schaute Albert an und lächelte erkennend, um dann er das Gesicht seines Partners tiefer
auf seinen Schwanz zu stoßen.

Albert nahm einen Sitz am Mittelgang, in einer der wenigen leeren Reihen von der Bühne entfernt. Er schaute auf
die Uhr, stellte fest, daß er noch etwa zwanzig Minuten
warten mußte, und sah sich den Film auf der Leinwand an.
In diesem Film steckte ein dürrer Mann mit schlechter Haut
seinen mindestens achtundzwanzig Zentimeter langen
Schwanz in den Arsch eines kleinen, dunkelhaarigen Mannes, der seinerseits von einem Mann mit dem obszönen
Tattoo einer Frau mit enormen Brüsten auf dem Arm einen
geblasen bekam. Während der nächsten zwanzig Minuten
wechselte das Trio mehrmals die Stellung, bevor den Mann
mit dem großen Schwanz und der Mann mit der Tätowie-
rung gemeinsam auf das Gesicht des dunkelhaarigen Mannes abspritzten.

Dann wurden die Lichter wieder dunkel, und die vertraute Musik plärrte durch den Raum. Sie war lauter, da Albert
in größerer Nähe der Lautsprecher saß, aber er konnte sie

ausblenden, als Tony hinter der Leinwand hervorkam. Diesmal war er als Bauarbeiter gekleidet und trug ein enges, weißes in die Jeans gestopftes T-Shirt.

Albert sah ihm bei seiner Show zu und hielt jedesmal den Atem an, wenn ein Kleidungsstück fiel und ihm mehr von Tonys Körper enthüllte. Da er so nahe saß, konnte Albert die feinen Wirbel von Tonys Brustbehaarung und den Schweiß sehen, der auf seiner Haut schimmerte, während er unter den Scheinwerfern tanzte. Als Tony bis auf die Unterhose, diesmal eine weiße, nackt war, konnte Albert die Umrisse seines leckeren Schwanzes sehen, wo dieser sich gegen seinen Unterleib schlängelte, während die Eichel über den oberen Saum herauszuplatzen drohte.

Trotz der Nähe zur Bühne und der Anwesenheit eines Mannes gegenüber dem Mittelgang, machte sich Albert bereit, sich zusammen mit Tony einen runterzuholen, als Tony an den Bühnenrand trat, innehielt und dann zu Alberts großer Verblüffung in den Gang zwischen den Reihen trat. Albert drehte sich um und sah ihn, den Geruch von Schweiß hinter sich herziehend, an sich vorbeigehen, um sich einem fetten Mann sechs Reihen weiter hinten auf den Schoß zu setzen. Der Fette legte Tony eine schwere Pranke zwischen die Beine und drückte zu, wobei ein lüsternes Grinsen über das pralle Gesicht huschte. Albert wäre am liebsten nach hinten gerannt, um ihn zu ohrfeigen, aber Tony stand auf und ging weiter.

Nachdem er an noch ein paar Sitzen halt gemacht und sich von den Männern kurz hatte anfassen lassen, drehte Tony um und ging zurück zur Bühne. Albert saß ganz still, da er nicht wollte, daß der Mann sah, daß er zugeschaut hatte, oder, Gott behüte, sich auf seinen Schoß setzte. Als er eine Hand auf der Schulter spürte, fuhr er hoch. Er

schaute auf und sah, daß Tony an seinem Platz stehenge-
blieben war. Aber anstatt sich auf seinen Schoß zu setzen,
nahm er Albert bei der Hand und zog ihn auf die Füße.

Unfähig, etwas zu sagen oder zu unternehmen, ließ Albert sich fortzerren. Als Tony ihn die Stufen zur Bühne hin-
aufschubste, gehorchte er, im Glauben, er sei vielleicht
noch zu Hause im Bett und träume alles nur. Unter den
heißen Scheinwerfern blickte er in die Augen des Mannes,
dessen Bild er in der Brieftasche trug, und hörte ihn sagen,
»Wie wär's, wenn du mir hier raushilfst?« Tony lächelte,
und Albert nickte ihm zu.

Tony nahm Alberts Mantel und warf ihn beiseite, dann
fing er an, ihm das Hemd aufzuknöpfen. Als es offenstand,
rieb er Alberts Brust, und seine Finger massierten die Haut.
Er lehnte sich enger an ihn, und mit einem Mal lag seine
Brustbehaarung weich und einladend an Alberts Haut. In-
stinktiv legte dieser Tony die Hände auf den Rücken und
zog ihn näher heran, bis er spürte, daß Tonys Schwanz sich
gegen seinen eigenen preßte.

Tony zog Albert das Hemd aus und fing an, an seiner
Gürtelschnalle zu fummeln. Albert half ihm, jetzt gleich-
gültig gegenüber dem Umstand, daß er sich auf einer Bühne vor einem Raum voller anderer Männer auszog. Das einzige, was er wußte, war, daß er zusammen mit Tony nackt
sein, dessen Haut auf seiner spüren wollte. Innerhalb von
Sekunden stand er nur noch in der Unterhose da, und Tony
küßte ihn. Albert erwiderte seinen Kuß, indem er sich mit
der Zunge Einlaß in Tonys Mund verschaffte, während seine Hände Tonys Brustwarzen fanden und sie grob zwirbelten. Als sie voneinander abließen, schaute er ihm in die
dunklen Augen und wußte, daß er Tony in allem folgen
würde, was dieser wollte.

Tony nahm Alberts Hände und führte sie sich an die Hüfte. Albert spürte weichen Stoff unter seinen Fingern und zupfte daran. Tonys Schwanz geriet ihm in die Hände, und er hielt ihn fest. Dann fiel er auf die Knie und nahm die Eichel in den Mund. Salzig und dick rannen Lusttropfen aus ihr heraus, und bald bearbeitete Albert von oben bis unten den Schaft, der sich zu voller Länge streckte. Beim Lutschen betastete er Tonys Eier, zog sie nach vorn und ließ sie wieder zurückfallen.

Sobald Tony völlig steif war, fing er an, Albert in langen, ruhigen Stößen in den Mund zu ficken. Albert sah zu, wie das Fleisch Stück für Stück zwischen seine Lippen drang, spürte die Hitze, wenn es sich ihm entgegendrückte. Sein eigener Schwanz hing ihm aus der Unterhose, und er wichste, während er Tonys Bolzen lutschte. Die Scheinwerfer in seinem Rücken waren heiß, und er spürte, daß ihm der Schweiß über die Haut strömte.

Tony legte ihm eine Hand ans Kinn, zog ihn auf die Füße, dann drehte er sich um, so daß Alberts Schwanz gegen seine Arschspalte gepreßt wurde. Er fing an, sich zu winden, und Albert spürte die Hitze seiner Haut, die sich über seinen Pimmel bewegte. Als Tony sich vornüberbeugte und sein frisches rosiges Loch inmitten eines Waldes dunkler Haare darbot, wußte Albert, was Sache war. Er spuckte sich in die Handfläche, befeuchtete seinen Schwanz und preßte die Eichel gegen Tonys enge Öffnung.

Derb zustoßend versank er in eine Wärme, süß und einladend wie ein heißes Bad. Tony stieß dagegen und stülpte sich über den Schwengel, bis ihm Alberts Eier gegen die Arschbacken klatschten. Mit geschlossenen Augen fing Albert an, ihn zu ficken, wobei er sich mit den Händen an der Hüfte abstützte. Tonys stöhnte auf, als sein Arschloch sich dehnte, um sich an Alberts Umfang anzupassen, verlangsamte das Tempo seiner Stöße aber nicht.

Nach kurzer Zeit rammte Albert seinen Schwanz in Tonys willfährigen Arsch, wobei feucht-klatschende Laute zu hören waren, wenn sein schweißüberströmter Bauch auf die sich rötenden Arschbacken des Pornostars traf. Es war ihm bewußt, daß nichts von alledem hätte passieren dürfen, was dazu führte, daß er Tony nur um so härter fickte, gerade als ob Tony und das ganze Theater zu Staub zerfallen würden, wenn er das Tempo verringerte. Er öffnete die Augen und sah, daß Tony sich seinen großen Schwanz wichste, während er gerammelt wurde, und war sich undeutlich bewußt, daß in der ersten Reihe ein anderer Mann eifrig seinen Schwanz bearbeitete, während ihm sein Nachbar die Eier leckte.

Als Albert nach scheinbar stundenlanger Bewegung im Zeitlupentempo endlich kam, zog er Tony den Schwanz aus dem Arsch und drehte ihn um, um seine Ladung in vier ausgiebigen Schwällen, die seine schweren Eier austrockneten, keuchend und mit weichen Knien über Tonys behaarten Bauch abzuschießen. Tony wichste noch immer. Er wartete ab, bis Albert in der Lage war, hinter ihm zu stehen und ihm die Brustwarzen zu zwirbeln, bis er selbst abspritzte, wobei seine Flut über Alberts Hand, die seine Eier gepackt hielt, strömte und in dicken Batzen zu Boden fiel. Sobald er fertig war, nahm er Albert bei der Hand und führte ihn in einen dunklen Raum hinter der Leinwand.

»Dank' dir, Mann«, sagte er und legte Albert die Hand auf den Rücken. »Ich weiß nicht immer, ob sowas klappt. Manchmal holt man sich 'n Kerl hier rauf, und der wird steif wie'n Brett. Aber du hast ausgesehen, als würdest du drauf stehen, also hab' ich's riskiert.«

Da Albert überhaupt nichts zu sagen wußte, sagte er einfach, »Danke.«

Tony gab ihm ein Handtuch, und er wischte sich ab. »Und wie heißt du?«

Albert stockte einen Augenblick, um sich dann selbst sagen zu hören, »Al.« Dann selbstbewußter, »Ich heiße Al.« Der Klang gefiel ihm, kurz und aus der Kehle hervorgestoßen wie eine Erklärung.

»Fein, dich kennenzulernen, Al«, sagte Tony. »Ich muß jetzt unter die Dusche vor der nächsten Show. Aber wenn du Lust hast, hierzubleiben, könnten wir uns treffen, wenn ich fertig bin.«

Albert schaute in Tonys erwartungsvolles Gesicht und fing an, die Hose anzuziehen. »Lust schon«, sagte er. »Aber ich muß nach Hause.«

Tony lächelte. »Jammerschade. Na, dann komm einfach vorbei, wenn dir danach ist. Ich werde da sein.«

Albert nickte und ging auf eine Tür zu, die nach draußen zu führen schien. Er fand sich im Vorraum wieder. Als er aus der Tür auf die Straße trat, fischte er in der Hosen nach etwas. Die Anzeige war noch da, und auf dem Weg zur Bushaltestelle entfaltete er sie und betrachtete Tonys Bild. Dabei stieg ein Gefühl tiefer Befriedigung in ihm auf, das sich zu einer Wärme ausbreitete, die alle Poren durchdrang. Ihm schien, als wäre es nett, zur Abwechslung einmal zu Fuß nach Hause zu gehen.

VORSORGEUNTERSUCHUNG

Sie müssen sich mehr entspannen, wenn ich mit der ganzen Hand reinkommen soll«, sagte er. »So verspannt wie Sie sind, schaffe ich es kaum mit vier Fingern.«

Er irrte sich. Ich war nicht verkrampft. Ganz im Gegenteil. Er mühte sich jetzt schon fast eine Stunde ab, und die ganze Fingerei fing an, wehzutun. Aber ich genoß es, seine Hand in mir zu spüren, genoß es, wie sie mich vollkommen ausfüllte. Und obwohl er vollständig bekleidet war, machte mich seine unmittelbare Nähe immer erregter. Ich begrüßte sogar den Schmerz, wissend, daß er von ihm kam. Während seine in enge blaue Gummihandschuhe gehüllten Hände verführerisch an meiner Haut rieben und geduldig meine schmerzenden Muskeln massierten, versuchte ich, ruhig zu werden, damit er soweit hineinkam, wie er wollte.

»So ist es besser«, sagte er, als ich mich bemühte, mich noch ein wenig weiter für ihn zu öffnen, wobei sich kleine Nadeln des Schmerzes in meine Nerven bohrten. Jetzt war er in der Lage, tief mit den Fingern einzudringen. »Sie schaffen das immer besser.«

Ich versuchte zu lächeln, unsicher, ober es bemerken würde. Seine Finger, die über meine Innenseiten fuhren, fühlten sich an wie ein tief in meinem Arsch vergrabener Schwanz, und er heizte mich richtig auf. Schon als er Hand an mich gelegt hatte, hatte ich einen Ständer bekommen, und jetzt schmerzte mein Pimmel, weil er schon so lange steif war, ohne angefaßt worden zu sein. Ich schloß die Augen und versuchte mir vorzustellen, von ihm gefickt zu werden, mir seinen Gesichtsausdruck auszumalen, wenn er mir seinen Schwengel ins Loch rammte. Gerade als ich so weit war, fast den Schweiß und die Feuchtigkeit auf unseren Leibern riechen zu können, zog er die Hand heraus und riß mich aus meinem Tagtraum.

»Da«, sagte er. »Sieht gut aus. Ich muß nur noch die Oberfläche polieren, und Ihre Füllung ist fertig. Sie werden sich fühlen, als hätten Sie ein brandneues Gebiß. Kaum zu glauben allerdings, daß Sie die ganze Geschichte ohne Novocain überstanden haben. Sie mögen wohl Schmerzen.«

Ich lachte. »Ich kann nur die Spritze nicht ausstehen, Doc.« Der hatte ja keine Ahnung.

Während er damit beschäftigt war, seine Instrumente einzusammeln, fuhr ich mit der Zunge über die Stelle, die er behandelt hatte. Nun, da ich den Mund schließen durfte, war der Schmerz zu einem dumpfen Ziehen im Kiefer abgeklungen, eine köstliche Erinnerung daran, daß er hier zugange gewesen war. Die Oberfläche des Zahnes war rauh an der Stelle, wo er die Füllung ersetzt hatte, und mein ganzer Mund war erfüllt vom schweren Geschmack seiner Handschuhe.

Ich weiß, die meisten gehen nicht gerne zum Zahnarzt, aber ich genieße es richtig. Ich liebe es, mich in den großen Sessel zurückzulegen, die Hände eines anderen Mannes im Mund und seine Finger, die gegen meine Zunge drücken, besonders heutzutage, da Gummihandschuhe zur Standardausrüstung gehören. Ich mag es, mich ihm hinzugeben und die Kontrolle ganz ihm zu überlassen. Ich mag sogar die Instrumente, die Art, in der das Metall über meine Zähne schabt und kalt und scharf übers Zahnfleisch gleitet, bereit, mich zu stechen, sollte er abrutschen. Besonders mag ich es, wenn mein Mund nach einer sorgfältigen Reinigung ein paar Tage lang schmerzt, eine Erinnerung daran, daß jemandes Hände ihn ausgefüllt hatten.

Und ganz besonders freue ich mich auf die Behandlung durch Dr. Wolf. Der Mann sieht eher aus, als würde er als Stürmer für die Canucks auf der Eisbahn laufen, als Röntgenbilder von Zähnen hochhalten, um nach Löchern zu suchen. Er ist groß, hat das schöne schwarze Haar und die dunklen Augen, wie sie für Frankokanadier charakteristisch sind, und spricht langgezogen mit einem schweren Akzent, bei dem ich schon einen Ständer kriege, wenn er nur den Mund aufmacht, und sei es nur, um mir zu sagen, daß ich öfters Zahnseide benutzten solle. Nach jeder Sprechstunde bei ihm gehe ich nach Hause und wichse stundenlang zu der Vorstellung, von ihm gefickt zu werden. An jenem Tag war er etwas unsanft in meinem Mund zu Werke gegangen, und ich malte mir schon aus, daß ich abspritzen würde, sobald ich mit meinem Schwanz alleine wäre.

Als er mit dem, was er getan hatte, fertig war, kam er zurück und beugte sich über mich. Die untere Hälfte seines Gesichts war von einem Mundschutz bedeckt, so daß ich über dem weißen Viereck nur seine Nase und Augen sehen konnte. Als er die Hände näherte, öffnete ich gehorsam den Mund, den er mit Hilfe eines kleinen Spiegels untersuchte. Ich versuchte, nicht hinzustarren, während ich mir einprägte, wie ihm sein dichtes Haar achtlos in die Stirn fiel. Ich nahm jede Einzelheit seines Gesichts in mir auf, von der feingeschnittenen Nase bis zu dem dunklen Bart, der seine Wangen bedeckte, und speicherte sie zur späteren Verwendung im Gedächtnis ab.

Dr. Wolf stand bei der Arbeit eng an meiner Seite, und ich war mir des Drucks seines Körpers scharf bewußt. Er legte den Spiegel beiseite und griff nach meinem Unterkiefer, um ihn festzuhalten, während er die Füllungen der Reihe nach mit den Fingern prüfte. Ich konzentrierte meinen Blick auf die Stelle, wo sein Hemd oben offenstand, und versuchte, nicht allzu erregt zu werden. In der Vertiefung an seiner Kehle sah ich dort, wo in dicken Büscheln sein Brusthaar anfing, dunklen Pelz.

Ich stellte ihn mir ohne Hemd vor, worauf mein Schwanz in der Hose um weitere fünf Zentimeter wuchs und schmerzhaft am Reißverschluß scheuerte. Bemüht, meinen Ständer zu beruhigen, versuchte ich, irgendwo anders hinzuschauen und studierte auf einer Schautafel eingehend verschiedene Zahnersatzteile. Aber es war nichts zu machen. Am Ende glotzte ich ihm auf den Unterarm, auf die Linie, wo die blauen Gummihandschuhe noch mehr Haare freigaben, die sich in weichen, dichten Wellen bis zum Ellbogen hinaufschlängelten. Ich stellte ihn mir vor, wie er sich einen runterholte, wie schön es aussehen würde, wenn seine Hand seinen Ständer hielte und sein Arm auf und ab gehen würde, wenn er sich einen abwichste. Ich malte mir die Haare auf seinem Unterarm aus, gesprenkelt mit weißem Sperma, wenn er alles über sich spritzen würde, was meinen Schwanz zur Raserei brachte.

In meinem Mund rieb sein Finger gleichmäßig über mein Zahnfleisch und beschrieb kleine Kreise um den Zahn, den er behandelte. Meine Zunge rieb sich dabei an seiner Hand, und durch den Gummihandschuh hindurch spürte ich, wie sich unter der Haut die Muskeln bewegten. Ich fing an mir vorzustellen, wie sein Schwanz in meinem Mund ein- und ausfahren würde, wenn ich ihn lutschte. Ich wünschte mir, er würde einen Gummi tragen, wenn ich ihm einen blies, so daß ich spüren könnte, wie unter ihm sein Schwengel zuckt. Ich stellte mir vor, wie in meiner Kehle die Eichel anschwellen und warm werden würde, wenn seine Ladung hineinschießen und aufgefangen werden würde.

Es war einfach zu viel für mich. Ohne nachzudenken, fing ich an, zärtlich an dem Finger zu saugen, der mein Zahnfleisch massierte, die Lippen darum zu schließen und mit der Zunge an ihm entlangzufahren. Ich spürte, wie seine Hand zuckte, als glaube er, ich wolle ihn beißen. Spielerisch fuhr ich mit der Zunge über die Hand, um ihm klarzumachen, daß ich ihn nicht verletzen würde, worauf er sich ein wenig entspannte. Ein Beben der Erregung lief durch meinen Körper, als meine Phantasien der Nebelwelt meiner Gedanken zu entrinnen begannen und zu Fleisch und Blut wurden. Meine Lippen bewegten sich langsam über die Oberfläche seiner behandschuhten Hand, während ich den Geruch des Gummis einsog, sie mit dem Mund liebkoste, wobei sich jeder Gedanke an die Umstände in der Hitze purer Lust verflüchtigte.

Während all dessen wandte ich den Blick von Dr. Wolf ab, in der Angst, daß ich die Nerven verlieren würde, wenn ich ihn anschaute. Ich konzentrierte mich auf seine Hand, seine Finger, das tolle Gefühl. Als er nicht zurückwich, ließ ich meinen Blick über seine Brust hinweg zu seinem Gesicht wandern. Er schaute mich aus seinen braunen Augen eindringlich an. Unter der weißen Gaze seiner Maske umspielte ein Lächeln seine Lippen. Ohne den Blick abzuwenden und noch immer mit meinem Kinn in der Hand, fing er an, seine Finger zwischen meine Lippen zu stoßen und wieder zurückzuziehen, wobei seine Fingerspitzen über meine Zähne glitten und gerade eben ihn meinem Mund verblieben, so daß ich mich vorbeugen mußte, um sie wieder einzusaugen.

Ich streckte die Hand aus, ließ meine Finger auf den Unterarm fallen, an dessen Hand ich lutschte, und streichelte über die weichen Haare. Seine Armmuskeln waren dick und streckten sich, als er mir mit der Hand übers Gesicht strich und meine Lippen mit dem Geschmack des Gummis bedeckte. Ich packte fest zu und genoß das Gefühl des kühlen Gummis, das einige Zentimeter über dem Handgelenk mit der warmen Haut verschmolz. Während er mit der Hand über meine Lippen rieb, wurde sein Griff um mein Kinn fester, um meinen Kopf stillzuhalten, während er mich zur Raserei aufstachelte.

Ich fuhr mit der Hand über seine Brust und spürte unter dem dünnen Stoff seines blauen Hemdes seinen festen Körper. Seine Brustwarzen waren hart, und als ich sie mit den Fingern berührte, drängte er sich meiner Hand entgegen. Dadurch ermutigt, knöpfte ich ihm das Hemd auf und zog es ihm aus der Hose. Offen enthüllte es einen mit schwarzem Pelz bewachsenen Oberkörper. Ich strich mit der Hand über den Bauch und stellte erstaunt fest, daß sein Körper bemerkenswert gut entwickelt war, mit Muskelhügeln und -furchen wie ein gutgepflügtes Feld. Seine Brustwarzen, rosig und weich, standen aus dem Wald von Haaren hervor wie zwei kleine Knospen, die aus der Erde dringen.

Ich ging mit der Hand zum Hals, von dem aus ich eine Linie über seine Brust bis zum Hosenbund nachzeichnete, wobei ich mit den Fingern leicht über seine Haut schabte und ihn erbeben ließ. Dann, wieder auf der Brust, nahm ich eine Brustwarze zwischen die Finger und zwirbelte sie. Er zuckte bei der Berührung zusammen, wich aber nicht zurück. Mit noch immer festem Griff zog ich daran, was ihn zwang, sich zu mir zu beugen und seine Hand von meinen Lippen fallen zu lassen. Als sein Gesicht nur noch Zentimeter von meinem entfernt war, griff ich nach oben, löste die Maske und ließ sie zu Boden fallen. Mit lüsternen Augen starrte er zu mir herab, und ich küßte ihn zärtlich auf den Mund und streichelte unter leisem, bebendem Stöhnen seine Lippen mit der Zunge.

Dann küßte ich ihn fester, legte ihm die Hand in den Nacken und stieß tief in seinen Mund vor. Er zog die Wangen ein, sog mich noch tiefer in sich hinein und streckte gierig die Zunge nach meiner aus. Ich spürte seine kratzige Haut an meinem Gesicht, als ich ihn an mich drückte und sein Geschmack in meinen Mund eindrang und der Duft seiner Haut mich umschloß. Als wir uns küßten legte er mir eine Hand zwischen die Beine und rieb langsam meinen Bolzen, indem er an ihm nach oben fuhr und meine Eichel durch die Hose hindurch drückte.

Er war noch immer an meine Seite gepreßt. Ich konnte durch seine Hose den wachsenden Ständer spüren. Ich stieß ihn von mir, öffnete die Knöpfe seiner Hose und ließ diese runterfallen. Er schüttelte das Hemd ab und stieg aus der Hose, worauf er in einer weißen Shorts, die seine behaarten Oberschenkel halb bedeckte, neben mir stand. Der Schlitz war mit zwei kleinen Knöpfen verschlossen, und seine Eier bildeten einen strammen Sack, der ihm einladend zwischen den Beinen hing. Sein fetter Schwanz zeigte aufwärts zu seiner Hüfte. Die Eichel zeichnete sich scharf unter dem hautengen Stoff ab.

Ich fuhr ihm mit den Händen hinten über die Shorts und

betastete die Rundungen seines Hinterns und die Beinmuskeln. Er zerrte an meinem Hemd, riß es rasch auf und nickte anerkennend beim Blick auf meinen glatten, vom Training gestählten Körper. Während er meinen Gürtel öffnete, schob er eine Hand unter mich, um mich im Sessel anzuheben und mir die Hose herunter- und auszuziehen. Da ich keine Unterwäsche trug, hüpfte mein Schwengel im gleichen Moment nach oben, als die Hose über ihn gezogen wurde, und reckte seine gesamten dreiundzwanzig Zentimeter über meinen Bauch, wobei aus der Eichel ein klebriger Lusttropfen trat.

Dr. Wolf bestieg den Sessel und hockte sich mir über die Hüfte, wobei seine Knie bequem in die seitlichen Aussparungen für die Ellbogen der Patienten paßten. Die Berührung seiner Unterwäsche auf meinem Schwanz reichte mir schon fast zum Abspritzen, aber ich hielt mich zurück und wartete ab, was er im Sinn hatte. Er legte mir die noch immer behandschuhten Hände auf die Brust, bearbeitete meine Brustwarzen mit den Fingern, um dann meine Haut an den Seiten zu kitzeln. Während er langsam über meinen Schwanz vorstieß, glitt mein Schwengel zwischen seine Beine und unter ihn, und die Eichel preßte sich an seine Eier.

Er legte die Hände oben auf dem Sessel ab und legte sich mit dem Körper an meinen. Wenn ich den Kopf drehte, konnte ich das Gesicht in das dichte, feuchte Haar in seiner Achselhöhle stecken, wo meine Zunge gierig die schweißbedeckte Haut ableckte. Während sich sein bepelzter Bauch an meinem rieb, erforschte ich seinen Körper mit dem Mund von seiner Kehle aus bis hinunter zu seiner Brust, wo ich an den Haaren schleckte, die seine Haut bedeckten. Als ich unter der Zunge eine seiner Brustwarzen spürte, saugte ich mich fest und biß zu. Er reagierte mit einem heftigen Stoß seines Bolzens gegen meinen Bauch, auf dem sich dessen gesamte Länge in mich einbrannte.

Unfähig, noch länger zu warten, legte ich ihm die Hände an den Hosenbund und zog ihm die Unterwäsche hinunter, bis die Eichel entblößt war. Fett und unbeschnitten glitt sie unter der Scheide aus Vorhaut ein und aus, während er sich an mir rieb, wobei die dünne Haut über den Rand rutschte, wo die Eichel in den Schaft überging. Sie war weit dicker als ich es mir vorgestellt hatte, und der Anblick des fetten Knüppels, umgeben von seiner durchscheinenden Hülle, ließ meinen Arsch vor Vorfreude erbeben. Der Schaft selbst war ungeheuer dick, und an seiner Unterseite verlief über mehrere seiner dreiundzwanzig Zentimeter ein Streifen von Haaren.

Ich griff in die Hose, zog seine Eier aus ihrem kuschligen Plätzchen und ließ sie über den Rand seiner aufgebauschten Unterwäsche hängen. Verglichen mit seinem übrigen Körper war sein Sack seltsam glatt, und die Nüsse lagen in meiner Hand wie vollkommen runde Steine, die im Feuer gelegen hatten und noch immer die Hitze speicherten. Dahinter spürte ich die Haare an der Stelle genau unter seiner Arschspalte. Wenn ich die Finger um die Schwanzwurzel und die Eier legte, konnte ich die Fingerspitzen nicht zusammenbringen. Als ich zudrückte, füllte sich sein Pimmel mit Blut, und die Eichel wurde dunkelrot.

Ich preßte meinen Schwanz an den von Dr. Wolf und hielt sie fest zusammen, wobei ich die Ader spürte, die an der Unterseite seines Prachtstücks entlang meines Geräts pochte. Seine riesigen Eier breiteten sich über meine und scheuerten an ihnen, als ich mit unseren Schwengeln spielte und sie langsam pumpte. Er tröpfelte richtig von Saft, der in dickem Strom aus seinem Pißloch sickerte, über die Eichel rann und mir Hand und Schwanz mit klebrigen Strängen bedeckte. Mir gefiel, wie seine Vorhaut auf seiner Eichel ritt, wie die Haut einer Frucht, die sich abpellt, um das köstliche Fleisch darunter zu enthüllen. Ich wollte seinen Geschmack im Mund haben.

»Laß ihn mich blasen«, flehte ich. »Zieh einen Gummi über und fick mich ins Maul. In meiner Brieftasche ist einer.«

Er stieg vom Sessel und schnickte seine Unterwäsche vollständig ab. Dann fischte er in meiner Hose nach der Brieftasche. Ich weiß, daß man keine Gummis in der Brieftasche aufbewahren soll, weil sie austrocknen können und so, aber ich hatte trotzdem einen drin für den Notfall. Dr. Wolf fand ihn und zog ihn heraus. Da er noch immer die Gummihandschuhe trug, hatte er Mühe das Säckchen zu öffnen.

»Laß mich mal«, bot ich ihm an.

Ich liebe es, Kerlen Gummis auf den Schwanz zu streifen, und der Gedanke, ihn über sein mächtiges Gerät zu ziehen, machte mich wieder ganz geil und nervös. Ich zog den Gummi heraus und hielt ihn hoch. Wie seine Handschuhe war er blau, wie ein Stück Sommerhimmel in meiner Hand. Ich schnüffelte daran und ließ mir den Duft in den Kopf steigen. Dr. Wolf drückte einen Knopf an der Armlehne des Sessels, worauf sich die Rücklehne langsam absenkte, bis ich mit leicht angehobenem Kopf beinahe flach auf dem Rücken lag. Dann bestieg er mich erneut und arbeitete sich langsam zentimeterweise an meinem Bauch nach oben, wobei sein Prügel über meine Haut streifte. Als sein Schwanz nur Zentimeter von meinem Mund entfernt hüpfte, hielt er an und wartete.

Ich setzte das Kondom an der Schwanzspitze an, rollte es gewissenhaft über den Schaft und schaute zu, wie seine Größe die dünne Haut ausfüllte und dehnte, bis es aussah wie eine Schicht klaren Wassers, das an seinem Schwengel hinabrann. Ich beugte mich nach vorn, um die gummiüberzogene Eichel zu lecken und das süße Gleitmittel darauf zu schmecken, und ließ meine Zunge einen Augenblick lang auf der klebrig-glatten Oberfläche verweilen. Dann saugte ich ihn mit einer Bewegung, deren Geschwindigkeit ihn verblüffte, blitzschnell in die Kehle ein. Er stöhnte auf, als meine Kehle gegen seine Maße ankämpfend mehrere Zentimeter von ihm schluckte.

Das schlaffe Ende des Kondoms kitzelte mich am Gaumen, während ich seinen Schwanz in meinem Mund genoß. Ich saugte an dem Gummi, der seinen Bolzen umgab, und meine Zunge massierte seinen Riemen und zeichnete jede einzelne Linie nach, die durch die glatte Hülle zu spüren war. Nach und nach arbeitete ich mich in jeweils kleinen Stücken immer weiter vor. Endlich spürte ich den Abschluß des Kondoms zwischen den Lippen und schmeckte die heiße Haut, während ich das Gesicht in seinem Busch vergrub. Dann hatte ich den letzten Rest aufgenommen.

Dr. Wolf legte mir die Hand aufs Gesicht und leitete meine Bewegungen entlang seines Prügels an. Gleichmäßig fuhr er ein und aus, wobei er jedesmal, wenn die Schwanzspitze an meine Lippen kam, innehielt, um mich fest an seiner mit Vorhaut bewehrten Eichel saugen zu lassen. Das Gefühl seiner Gummihandschuhe auf meiner Haut und des Gummis in meiner Kehle war berauschend. Ich strich ihm mit den Händen über Rücken und Arsch, stieß ihn immer tiefer in mich hinein und drängte ihn, seine Ladung abzuschießen.

Er bedurfte keiner großen Ermunterung. Nachdem er mich ein paar Minuten lang in den Mund gevögelt hatte, fing er an, zu stöhnen, und seine Hände packten fest meinen Kopf. Ich schluckte noch fester und wichste seinen Schwanz geradezu, wenn er zustieß, und konnte spüren, wie er noch dicker wurde, als er seinen Höhepunkt erreichte. Atemlos wartete ich in Erwartung des anschwellenden Gummis. Als es soweit war, war es sensationell. Die Wurzel seines Schwengels zuckte, und ich spürte, wie der Gummi sich wellte, als seine Ladung durch den Schaft schoß und in der Spitze explodierte. Unter der Gewalt seines Ergusses dehnte sich der leere Gummi aus, bis er zu einer heißen Blase in meinem Mund wurde. Von seinem Abgang zuckend hing sie mir in der Kehle, wie ein Tropfen köstlichen Wassers, der darauf wartete, herunterzufallen, bevor ein Teil des Spermas am Schaft hochstieg und die Spitze kleiner wurde.

Dr. Wolf zog den Schwanz aus meinem Mund und streifte rasch den Gummi ab. Die Spitze prall von Sperma hing er von seiner Hand. Er legte sie auf der Konsole für die Instrumente ab, die am Stuhl angebracht war, außerhalb meiner Reichweite, aber so, daß ich sie, ganz eingeschrumpelt und voll von seiner Essenz, sehen konnte. Schon alleine beim Anblick zogen sich meine Eier zusammen. Ich wollte ihn in der Hand halten und das Sperma in der leeren Haut herumrollen spüren. Aber er hatte anderes im Sinn.

Dr. Wolf ging an mir herunter und nahm meinen Schwanz in den Mund, dessen Wärme mich rasch einhüllte, als er anfing mich zu blasen. Gleichzeitig spürte ich seine Hand am Arsch, die mich drängte, die Beine zu spreizen. Ich zog zu beiden Seiten die Beine an, und er streckte sich der Länge nach zwischen ihnen über den Behandlungssessel, so daß seine Füße über die Kante hingen. Er fing an, mein dargebotenes Arschloch zu streicheln. Der Gummi scheuerte an meinem Loch, als er es befingerte und nach dem Zugang suchte, während er mich tief in die Kehle aufnahm.

Er verstärkte den Druck und steckte mir einen Finger in den Arsch, in den das glitschige Material des Handschuhs glatt eindrang. Währenddessen setzte er die gleichmäßigen Bewegungen an meinem Schwanz fort. Er hatte es wirklich raus, wie er mein Werkzeug bearbeiten mußte, und beschrieb lange, sanfte Linien von den Eiern bis zur Spitze. Wenn ich sah, wie mein Schwanz in seiner Kehle verschwand, konnte ich kaum glauben, daß dies der gleiche Mann war, der noch vor kurzem in meinen Zähnen gebohrt hatte.

Bald pumpten zwei Finger durch meinen Arsch und dehnten ihn noch weiter. Nun, da ich mich ein wenig entspannt hatte, glitt der Gummi feucht und mühelos durch meinen Schließmuskel, und Dr. Wolf fuhr rasch ein und aus. Als er es schaffte, drei Finger hineinzustecken, hörte er auf, meinen Schwanz zu lutschen. Zwischen meinen Beinen kniend fickte er mich weiter mit der Hand, deren Finger unter Drehen und Wenden meine Eingeweide massierte. Seine andere Hand wanderte über meinen Leib, rieb mir die Titten und quetschte mir die Eier, bis ich so weit war, mich über und über vollzuspritzen. Als er meinen Schwanz packte und anfing, ihn zu wichsen, glaubte ich, ohnmächtig zu werden.

Dr. Wolfs Schwengel war unterdessen wieder steif geworden und ragte jetzt steil zwischen seinen Schenkeln empor. Er nahm die Hand von meinem Arsch, zielte mit der noch klebrigen Eichel auf mein Loch und stieß zu. Sein

Bolzen bohrte sich in mich hinein, und mit seinem Gewicht schob er mich auf den Sessel zurück. Meine Beine lagen ihm über der Schulter, während seine behandschuhten Hände meine Schenkel packten, um mich festzuhalten. Er verlor keine Zeit und vögelte meinen Arsch mit kräftigen Stößen, bei denen seine Eier gegen meine Arschbacken klatschten und der ganze Sessel erbebte. Mit jedem Stoß schien er immer tiefer in meine Rosette einzudringen, mich zu dehnen und mich mit neuen Massen an Lust auszufüllen. Obwohl mein Arsch von den Hitze seiner Stöße brannte, wäre es mir nie eingefallen, ihn aufzuhalten.

Noch immer seinen Pflock in mich rammend, schnappte er sich das gebrauchte Kondom vom Tisch und hielt es mir vors Gesicht. Ich spürte die Wärme seiner Sahne durch den Gummi hindurch, als er ihn mir an die Lippen preßte. Ich saugte es in den Mund und ließ die schwere Last auf meiner Zunge ruhen. Er entzog sie mir, um mir mit der Spitze über Lippen und Wangen zu fahren, stets außerhalb der Reichweite meiner Zunge. Ich reckte den Kopf, um sie zu fassen zu kriegen, aber sein Gewicht hielt mich gefangen.

Inzwischen rammelte er mir den Arsch erbarmungslos, und ich wußte, daß er eine neue Ladung abschießen würde, diesmal tief in meinen Hintern. Unter heftigem Bocken molk ich ihm mit meinen Arschmuskeln der Schaft, während meine schweißüberströmte Haut mit feuchtschmatzenden Geräuschen am Bezug des Sessels klebte. Sich über mich beugend, bohrte er mir seine allerletzten Zentimeter in den Leib, und ich kam an die Schwelle.

Gleichzeitig legte er mir das offene Ende des Gummis an die Lippen und zwang mich, es in den Mund zu nehmen. Ich gehorchte so eifrig, daß meine Zunge in die Öffnung fuhr und dort den wild durchgemischten Geschmack von

Gummi und Sperma entdeckten. Dr. Wolf hob das Kondom hinten an, und ich sah, wie seine Ladung langsam auf meinen harrenden Mund zufloß, während er gleichzeitig kurz davor stand, in mein Arschloch abzuspritzen. Als er anfing, tief in mich hineinzuschießen, rann die köstliche Sahne aus dem Gummi und füllte meinen Mund mit dem vollen Geschmack seines Schwanzes, legte sich mir über Zähne und Zunge in dicken Wellen, die mir in die Kehle strömten, während ich jeden einzelnen Tropfen aus dem Kondom saugte.

Dr. Wolf entleerte noch immer seine Eier in mich, als ich den leeren Gummi von meinen Lippen auf die Brust fallen ließ. Inzwischen hatte sich eine gummiumhüllte Hand um meinen Schwanz gelegt und pumpte mich, während er fortfuhr, mich zu ficken. Es dauerte nicht lange, bis meine überladenen Eier reagierten und ich seine Hand mit einer turmhohen weißen Entladung benetzte, die ihm aus meinem Schwanz direkt über den Bauch schoß, wo sie in glitzernden Tröpfchen in seinem dicken Pelz kleben blieb. Er preßte sich meinen Schwengel an den Bauch, schmierte ihn durch die spermatriefenden Haare und hielt ihn noch fest, als unser beider Entladung geendet hatte.

Als die letzten Tropfen aus meinem brennenden Schlitz drangen, spürte ich, daß seine Ladung anfing, beim Herausziehen aus meinem Loch zu rinnen. Auf mir liegend, preßte er unsere klebrig-feuchten Leiber zusammen, bedeckte meinen Mund mit seinem und küßte mich tief.

»Du solltest wirklich daran denken, dir nach dem Essen die Zähne zu putzen«, sagte er, wobei er zurückwich und sich die Lippen leckte. »Und ich denke, wir sollten vielleicht eine vierteljährliche Routineuntersuchung für dich ansetzen.«

MÄNNERTOILETTE

Die Männertoilette roch nach Ammoniak und Blumen, dem merkwürdigen bittersüßen Duft, der haften geblieben war, nachdem das Personal den weißen Kachelboden aufgewischt und mit Gummihandschuhen bewehrt die Toiletten geschrubbt hatte. Es war abends nach sieben, und ich war im Begriff, nach Hause zu gehen, nachdem ich mich einen langen Tag über mit Vertragsverhandlungen für einen Fernsehspot abgekämpft hatte, in dem ein temperamentvolles Tennis-As auftreten sollte. Meine Blase drückte, und ich wollte nur noch pissen, um mich dann aus dem Büro zu machen. Ich ging zum nächsten von zwei Pinkelbecken, öffnete den Hosenschlitz, griff hinein und zog meinen Schwanz heraus, der schwer in meiner Hand lag.

Die Ader an der Unterseite meines Dödels schwoll an, während der Pißstrahl herausschoß, aus dem Loch rauschte und auf das rosa Dreieck des Desinfektionssteins platschte, der unten in dem Becken lag. Ich sah zu, wie der blaßgelbe Strahl aus meiner Röhre strömte, und genoß das schwere donnernde Geräusch, als er auf das Wasser traf, und die Änderung des Tons, als aus dem Wildwasser ein träges Rinnsal wurde, bevor er versiegte.

Als ich die letzten Tropfen abschüttelte, sah ich auf dem kalten Weiß des frischgereinigten Rands des Beckens ein einzelnes Haar liegen. Rötlichbraun schlängelte es sich auf dem Porzellan wie eine dünne Ader, die unter der Haut verläuft, wo diese sich papierdünn über die Knochen einer Hand spannt. Erfreut darüber, wie es einer Narbe gleich die ansonsten nahtlose Ausbuchtung unterbrach, starrte ich das Zeichen der kürzlichen Anwesenheit eines anderen Mannes an.

Dann bemerkte ich das Sperma, das im Wasser trieb: vier kleine, klebrig-weiße Inseln, die durch spinnwebendünne, fragile Fäden verbunden waren. Ich verharrte bei dem intim vertrauten, zugleich aber in diesem Umfeld so fremdartigen Anblick, und in meinem Kopf stieg ein Bild auf. Ich stellte mir einen Mann vor, der mit leicht gespreizten Beinen am Pinkelbecken steht und beim Pissen seinen Schwengel fest zwischen Daumen und Zeigefinger hält. Er packte fest zu, genoß das Zucken seines Schwanzes in seinen Fingern und wichste sich so unauffällig, daß der Mann an seiner Seite keine Ahnung hatte, daß sein Nebenmann sich Lust mit etwas bereitete, das ihm als nichts anderes erschien als lediglich die Wiederholung einer mehrmals täglich unbewußt vollzogenen Handlung.

Während ich über den Mann ohne Gesicht nachdachte, fing mein Schwanz an, in meiner Hand steif zu werden. Die Vorstellung, wie er sein Geschlecht packt, um sich in aller Öffentlichkeit in der Toilette, wo jeder hereinkommen könnte, einen runterzuholen, erregte mich. Ich malte mir seinen Blick beim Orgasmus aus, die Bewegung seines Handgelenks, wenn er die Sahne aus seinem Schaft melkt, wobei das Haar herunterfällt, das nun auf dem Urinal lag. Oder vielleicht war es ihm auch von der Hand heruntergefallen, als er gezwungen war, seinen klebrigen, noch steifen Schwanz in die Hose zurückzustopfen, weil die Tür sich geöffnet hatte und ein Mitarbeiter mit achtlosem Nicken eingetreten war.

Ich wichste meinen Schwanz bei dem Gedanken daran, und nach kurzer Zeit ragten meine dicken zwanzigeinhalb Zentimeter mit geschwollener, gieriger Eichel aus den dunkelblauen Falten meiner Anzugshose. Ich fing an, mir alle Männer vorzustellen, die so am Tag vor dem Becken standen, jeder mit einem anderen, in Form und Länge unterschiedlichen Schwanz, jeder Mann mit einem anderen Griff um sein Glied. Während ich mir hastig mein Teil wichste, stellte ich mir vor, wie sie ihre Pisse dem endlosen Strom hinzufügten, der durch den Mund des Becken und die silbernen Rohre seiner Kehle hinabfloß, und fragte mich, wie viele von ihnen wußten, was sich auf der Toilette sonst noch abspielte.

Ich kam mit einem langen, wilden Schuß, der an die Rückseite des Beckens klatschte. Eine klebrige Schmiere befleckte seine weiße Haut wie der feuchte Abdruck einer Hand eine Wange; sie reichte bis ins Wasser, wo sie sich mit der des anderen Mannes vermischte. Schon wollte ich beseitigen, was von meiner Handarbeit übriggeblieben war, als ich mich entschloß, meine Ladung lieber im Becken zu lassen, damit der nächste Mann sie sehen konnte. Ich lachte in mich hinein, als ich mir den Ausdruck auf seinem Gesicht vorstellte, wenn er nach unten schaute und das Sperma erblickte, so ähnlich dem, das aus seinem eigenen Schwanz kam, wenn er onanierte, aber von einem anderen Mann. Ich fragte mich, ob er, so wie ich, Erregung empfinden würde. Ich fuhr mir mit den Fingern durch den Busch und riß ein einzelnes schwarzes Haar aus, das ich neben das rötliche legte, bevor ich Feierabend machte.

Als ich am nächsten Morgen auf die Toilette ging, blitzte das Becken wieder vor Sauberkeit, und jede Spur der Wichsflecken war beseitigt. Den ganzen Tag über erinnerte ich mich immer wieder an den merkwürdigen Kick, den der Anblick des Schamhaares und des Samens des Mannes in mir hervorgerufen hatten, und verspürte das überwältigende Bedürfnis, erneut zu wichsen. Aber wieder war ich damit beschäftigt, verschiedene Arbeitsknoten zu entwirren, und erst nachdem alle anderen gegangen waren, wurde ich fertig und konnte mich meinem neuen abendlichen Ritual widmen. Wieder war er vor mir dagewesen, und diesmal war seine Ladung auf der Ausbuchtung des Beckens gelandet. Während ein Teil ins Wasser gerutscht war, war das meiste auf dem Rand hängengeblieben. Ich nahm es mit den Fingern auf und verwendete es, um meinen Ständer schlüpfrig zu machen; dann fuhr ich mit der Hand über meine Eichel, bis ich mit dem Gedanken an das heimliche Vergnügen des Mannes abspritzte.

Im Laufe der nächsten drei Tage fand ich an jedem Abend eine frische Ladung, die im Becken auf mich wartete. Aber obwohl ich versuchte, ein Auge darauf zu haben, wer in der Toilette ein- und ausging, entwischte mir mein geheimnisvoller Mann. In meinem Büro gibt es eine Menge Männer, und jeder davon hätte es sein können. Wegen der Farbe des Haares, das ich gefunden hatte, sonderte ich sofort alle blonden Männer aus. Dadurch fielen fünf Kerle weg, aber es blieben noch immer ein Dutzend Möglichkeiten. Ich beschloß, es auf dem direkten Weg zu versuchen. Immer wenn ich sah, daß jemand, den ich für einen möglichen Kandidaten hielt, aufs Klo ging, folgte ich ihm, trat diskret ein, wenn er schon pißte, und versuchte, einen Blick auf seine Ausstattung und das vielsagende rötliche Haar zu werfen.

Den ganzen Tag über begutachtete ich die Schwänze der meisten Abteilungsangehörigen mit eigenen Augen. Einiges, was ich sah, verblüffte mich. Ed, ein älterer Mann aus der Buchhaltung, dessen Haarteil Gegenstand vieler Witze war, besaß einen so großen Schwengel, daß ich kaum glauben konnte, daß sich unter seinem billigen, schlecht sitzenden Anzug so etwas verbarg. Selbst schlaff war er fast achtzehn Zentimeter lang, mit seidiger Haut, die sich über die fette Eichel spannte. Jim von der Finanzabteilung dagegen entsprach schwerlich den Stories, die er jeden Morgen darüber zum Besten gab, wie er die neueste Frau in der Nacht zuvor zu ungeahnten Höhen der Ekstase geführt hatte. Er hatte auf meinen Schwanz geschielt und war schnell gegangen, hatte seinen winzigen Pimmel eingepackt und mich mit hämischer Freude über meine Entdeckung zurückgelassen.

Am Ende des Tages war ich mit einer ganzen Anzahl von Schwänzen intim vertraut, wobei ich bei einigen nichts dagegen gehabt hätte, sie besser kennenzulernen. Aber immer noch hatte ich nicht herausgefunden, wer mein Wichskumpel war. Entmutigt packte ich meinen Aktenkoffer und machte mich zum Heimweg bereit. Während ich auf den Lift wartete, hörte ich wie eine Tür sich schloß. Ich machte mich auf zur Männertoilette und horchte auf Geräusche von drinnen.

Da ich durch die Tür überhaupt nichts hören konnte, stieß ich sie einen Spalt weit auf, bis ein Lichtschimmer zu sehen war. Er bot mir einen guten Überblick über die Urinale. Und da stand Peter McKenna, der Marketingleiter. Seine Hand flog über seinen Schwengel, der sich mindestens dreiundzwanzig Zentimeter aus dem Schlitz seiner Anzughose reckte. Peters Augen waren geschlossen, und er rammte seinen Bolzen in die Faust, mit der er ihn pumpte. Leises Stöhnen drang ihm aus der Kehle, während er das fette Teil in seiner Hand quetschte.

Es war unglaublich, daß Peter es war, der die ganze Woche über das Becken mit seinem Sperma überflutet hatte. Peter, ein großer, gutaussehender Mann, war verheiratet, und seine Frau wurde von allen Damen im Büro beneidet. Auf seinem Schreibtisch stand ein Bild von seinen beiden Kindern, Junge und Mädchen, und er sprach oft von Campingtrips mit der Familie und seiner Tätigkeit als Trainer der Baseballmannschaft seines Sohnes. Da er nicht auf meiner Etage arbeitete, war ich nie darauf gekommen, daß er der Mann im Zentrum meiner Besessenheit war.

Ich schaute ihm ein paar Minuten lang beim Wichsen zu, wobei mein Bolzen beim Blick auf seinen großen Schwanz steif wurde. Peter war ein großer Mann, etwa einsachtundachtzig, und gut gebaut. Seine Hände waren entsprechend breit, und an der, die fest an seinem Schaft auf und ab fuhr, glitzerte im harten Neonlicht am Ringfinger ein goldener Ehering. Ich ertrug es nicht, dem kräftigen Macho so nahe zu sein, daher betrat ich die Toilette. Als Peter mich hereinkommen hörte, fuhr er herum, seine Rute noch immer in der Hand.

»Oh, Scheiße«, sagte er heiser. »Ich, äh, wußte nicht, daß jemand hier ist. Ich geh' gleich.«

Er stopfte sich den Schwanz wieder in die Hose, aber ich ging zu ihm und legte ihm die Hand auf den Arm. Er schaute mich sekundenlang aus seinen großen braunen Augen an, als sei er sich nicht sicher, was er tun sollte, dann ließ er seinen halbsteifen Schwengel frei hängen. Die fette Eichel pendelte vor mir und streifte die Beule in meiner Hose, was meinen Schwanz vor Begeisterung hüpfen ließ.

Als ich in die Knie ging, zog die Kälte des gekachelten Bodens wie feuchtes Gras durch meine dünne Anzugshose. Peter Schwanz hing über mir, und die Eichel wies auf meinen wartenden Mund. Zärtlich leckte ich an dem glitzernden Pißschlitz und preßte die Zunge an die winzige Öffnung, um den Saft zu kosten, der aus Peters Eiern heraufgekrochen war. Er mußte gerade mit Pissen fertig geworden sein, und der bittere, männliche Geschmack haftete noch an seiner Haut. Ich fuhr mit der Zunge unter die Eichel in die kleine Vertiefung, dort wo sie sich mit dem Schaft vereinigte. Dabei schlossen sich meine Lippen um die breite Spitze, und ich saugte fest an seiner Knolle, während sich meine Wangen eng um seinen Schaft schlossen.

Peters Schwanz war warm in meinem Mund, und ich spürte, wie er immer fetter wurde, als ich ihn wieder zu voller Steifheit brachte. Ganz aufgerichtet ragte sein Rohr gerade und dick nach vorn, seine Haut war weich und spannte sich um das aufgeblähte Fleisch. Ich entspannte den Kiefer und bearbeitete die ersten zehn oder zwölf Zentimeter seines gewaltigen Geräts, indem ich es langsam aber sicher in die Kehle aufnahm. Ich dachte an seine Frau und fragte mich, ob sie wohl in der Lage sei, sein enormes Werkzeug ganz in den winzigen, geschminkten Mund zu nehmen, worauf ich an seinem Bolzen abwärts glitt, bis ich mit der Nase in dem kleinen Fleck seines würzigen Buschs steckte, der aus seinem Schlitz schaute.

Während ich mich über Peters Riemen hermachte, ruhten meine Hände auf seinen Schuhen. Sie waren aus weichem, braunem Leder, und wenn ich mit den Fingern zudrückte, konnte ich seine Füße spüren. Irgend etwas an einem Mann in Geschäftsanzug macht mich wild – die Art, in der ihm die Kleidung am Leib hängt, die Art, in der eine Krawatte sich um seinen kräftigen Hals oder eine Uhr um die breiten Knochen seines Handgelenks schlingt. Peter war ein schöner Mann, und in seinem Anzug bot er ein Ebenbild von Kraft und Stärke. Während ich ihn bediente, rieb ich im Takt zu den sinnlichen, zielbewußten Bewegungen meines Mundes langsam über das blankpolierte Leder seiner Schuhe.

Peters Schwanz war tief in meiner hungrigen Kehle versunken, und mein Gesicht preßte sich so fest gegen seine Hose, daß der Reißverschluß an meiner Nase schabte. Ich ging mit den Händen von den Schuhen zu seinen Fußknöcheln und betastete mit forschenden Fingern die Seide seiner Socken und die Beinmuskeln, die sich darunter bewegten. Weiter oben machte die Seide der Haut platz, und ich fühlte rauhes Haar. Ich schloß die Finger um seine starken Knöchel und massierte sie im Takt zu meinen Lippen, die den Bolzen der Länge nach liebkosten, ebenso wie meine Finger die kräftigen Beine.

Peters Hände lagen auf meinem Kopf, die Finger wühlten in den Haaren. Er drängte mich, ihn schneller zu blasen, indem er mir seinen Prügel in den Mund rammte und mich heftig nach vorn zog. Da ich seine Haut berühren wollte, griff ich nach seiner Gürtelschnalle, öffnete sie und den Knopf, der seine Hose geschlossen hielt. Peters Hose rutschte mir von seinen Hüften in die wartenden Hände wie plötzlicher Schneefall. Zu meiner Verblüffung trug er keine Unterwäsche. Mit den Händen rieb ich über seine stämmigen Beine und das vertraute rostrote Haar auf seinen Schenkeln und dem schweren Sack mit den Eiern, deren jedes die Größe eines Hühnereis hatte.

Peter lockerte die Krawatte und knöpfte sein weißes

Hemd auf, um es offen stehen zu lassen, ohne jedoch etwas abzulegen. Seine breite Brust war wie seine Beine mit dem gleichen wunderschönen rostroten Haar bedeckt, das sich in trägen Wirbeln auf seinem muskulösen Oberkörper drehte, um dann in den Tiefen zwischen seinen Beinen zu versickern. Er stand in der leeren Toilette und blickte erwartungsvoll auf mich herab. Ich legte ihm die Hände auf die runden Arschbacken, vergrub das Gesicht zwischen seinen Beinen und saugte gierig an seinen saftigen Eiern, während sein Schwanz sich an meinen Hals preßte. Sein Sack war feucht von Schweiß, die Haut schmeckte salzig, zwischen seinen Schenkeln hing schweres Mannesaroma. Das alles machte mich nur noch um so schärfer auf ihn, und ich badete seine Eier sorgfältig, wobei ich von Zeit zu Zeit fest an seinem Schwanz lutschte, um mich daran zu erinnern, wie er sich in meiner Kehle anfühlte.

Peter bohrte sich mir ins Gesicht und stieß mir die Eier in den Mund. Dabei bearbeitete er mit den Finger seine Brustwarzen und zwirbelte sie zu vollen, reifen Knospen, die von seiner Brust abstanden. Ich erhob mich vom Boden, um mit dem Mund zu einer seiner Brustwarzen zu gehen, wobei ich mit der Wange über das weiche Fell auf seiner Brust streifte. Als ich die Lippen um das zarte Fleisch schloß, legte Peter mir die Hand auf den Kopf und zog mich zu sich heran. Ich lutschte an seiner Titte, biß sachte hinein und kitzelte ihn mit der Zunge. Ich spürte, wie sein Schwanz sich zwischen uns aufrichtete, als er seinen Körper an meinem rieb.

Peter ließ mich los und öffnete mir das Hemd, während ich ihn auf den Hals küßte und den Mund in die süße Vertiefung an seiner Kehle tauchte. Ich half ihm dabei, mir die Hose zu öffnen und sie abzustreifen. Mein Schwanz schmerzte von der langen Gefangenschaft und stand nun, wie unter Strom vor Hitze und Gier, gerade von meinem Bauch ab. Peter hielt meine glatten Eier in einer seiner großen Hände und knetete sie, während ich mit der Zunge über die Muskeln an seinem Hals fuhr und ihn auf den Mund küßte.

Ich streifte Peter das Hemd vom Leib. Völlig ausgezogen standen wir inmitten unserer Kleider, die wie Pfützen auf dem Boden verstreut lagen. Ich legte meine Hände an Peters Hüften und fuhr an seinen Rückenmuskeln entlang. Ihn mit den Armen umschlingend zog ich ihn eng heran, bis sich unsere Schwänze heiß pochend aneinanderschmiegten. Seine Zunge preßte sich gegen meine Lippen und drangen gierig und fordernd ein. Er küßte mich rauh und saugte meinen Atem ein, während er immer tiefer vorstieß. Die Haare auf seinem Bauch bürsteten über meine glatte Haut, als er mich an sich zog und damit Wirbel der Lust in meinen Eiern entfachte.

Peter ging um mich herum, um mich so auszurichten, daß ich mich mit den Händen zu beiden Seiten des Urinals abstützte und mein Schwanz über dem gurgelnden Wasser pendelte. Von hinten preßte er mir seinen Fickbolzen der Länge nach in die Arschspalte, so daß seine Eier sich mit meinen berührten. Er fing an, gegen mich zu bocken und seinen Schwanz wie eine Dampframme zwischen meine Arschbacken zu stoßen. Er steckte mir einen Finger in den Mund, an dem ich gierig saugte, während er mich gemächlich zwischen die Lippen fickte und über Zähne und Zunge glitt. Er steckte zwei weitere Finger hinein, und ich schlabberte an ihnen, als bliese ich ihm seinen fetten Schwanz, während ich auf den Zunge den metallischen Geschmack seines Rings empfand.

Er zog die Hand aus meinem Mund und fing an, mein Arschloch zu befingern. Ich war eng, aber meine Spucke half ihm, einen Finger einzuführen, so daß er mich lockern konnte. Bald bockte ich auf den drei Fingern, die in meinem Mund gewesen waren, und wieder bereitete mir sein angewärmter Ehering zusätzliche Wonnen, wenn er mir durch den Schließmuskel rutschte. Peter zog die Finger heraus und setzte seine Eichel an meiner Rosette an. Als er zustieß, erwachte mein Schwanz zum Leben und schlug mir durch den Kick, den das Eindringen mir verschaffte, an den Bauch. Ich hatte noch nie etwas so dickes in mir gehabt, und Peter füllte mich völlig aus. Im Bauch verspürte ich jedes Zucken seines Bolzens, und das Gefühl seiner zuckenden, fetten Eichel tief in mir, brachte mich fast zum Abspritzen.

Peter verlor keine Zeit damit, mir die Möglichkeit zu geben, mich an seinen Umfang zu gewöhnen. Er holte aus und fing an, mich mit Hingabe in den Arsch zu rammeln, mein zartes Loch mit seinem gesamten Arsenal zu bombardieren. Bei jedem Stoß grunzend, versenkte er immer wieder seinen Schwengel in mir, bis dicke Tropfen von Schwanzschleim von meiner Eichel auf den Toilettenboden platschten. Mein Schwanz hüpfte auf und ab, klatschte mir gegen den Bauch und scheuerte über den Rand des Beckens.

Ich stellte mir vor, jemand könne hereinkommen und sehen, wie der kräftige Macker mich mitten in der Männertoilette in den Arsch fickt, was mich nur noch geiler machte. Ich rief mir das Bild sämtlicher Männer vor Augen, die genau an der gleichen Stelle gestanden hatten und morgen dort stehen würden, ohne eine Ahnung zu haben, was hier geschehen war, und malte mir aus, wie sie uns alle zusahen und dabei wichsten. Ich stieß Peter entgegen, um ihn immer tiefer zu treiben, worauf er mit noch größerem Tempo reagierte, so daß sein Bauch schmerzhaft gegen meinen Arsch klatschte, während er seine volle Länge in mein brennendes Loch pumpte.

Immer noch fickend legte Peter die Hand um meinen Schwanz und fing an, mich im Takt zu seinen Stößen abzuwichsen. Er stand jetzt über mich gebeugt, und sein stoßweiser Atem traf meinen Nacken.

»Gleich spritz' ich tief in dich rein«, grollte er mir ins Ohr. »Gleich komm' ich in dein enges Loch.«

Ich stand selbst kurz vorm Abspritzen, und das schweinische Gerede dieses Familienvaters zu hören, der mir sein Gerät hinten reingesteckt hatte, erfüllte mich mit perverser Lust. Ich wollte, daß Peter seine Ladung in mir ablud. Ich krampfte meine Arschmuskeln zusammen und begann, ihn wild zu reiten. Er fing an, zu stöhnen, und ich spürte schmerzhaft, wie sein Bolzen in mir anschwoll, bevor er vor Lust leise aufstöhnte und mir ein dicker, heißer Batzen die Innereien pflasterte.

Peter kam dreimal mit jeweils einer gewaltigen Ladung. Der letzte Spasmus brachte mich über die Schwelle. Ich schaute nach unten und sah eine Flut von Sperma aus meinem Schwanz schießen, den Peter wichste. Es bedeckte das gesamte Becken mit einem klebrigen Netz, quoll über den Rand und fiel in langen Fäden zu Boden. Der Anblick entlockte meinen müden Eiern einen neuen Schwall, der diesmal Peters Hand mit einem heftigen Spermaregen bedeckte und in den Haaren auf Hand und Handgelenk hängen blieb.

Peter glitt aus meinem Arsch, zog sich hastig an und ging ohne ein weiteres Wort, genau wie ich es mir wünschte.

Hätte er noch etwas gesagt, hätte dies die Welt zerstört, die
wir uns hier zwischen den weißgekachelten Wänden geschaffen hatten. Ich wollte ihn so im Gedächtnis behalten,
wie er in dem Augenblick gewesen war, als sein Schwanz
in meinem Arsch steckte und er in mir seine Gier befriedigte.

Nach diesem Abend konnte ich Peter nicht mehr in der
Vorhalle begegnen, ohne daß mein Schwengel steif wurde.
Wir besprachen oder wiederholten unsere Begegnung jedoch nie, und in der Männertoilette warteten keine weiteren Zeichen mehr auf mich. Dann, einige Monate später,
machte ich auf meinem Weg nach draußen halt, um mir die
Hände zu waschen. Dort, im Wasser des Pinkelbeckens,
durchbrach ein runder weißer Fleck die klare Oberfläche.
Und auf dem Rand lag ein Haar, goldbraun wie Honig. Bei
seinem Anblick verspürte ich ein vertrautes Kribbeln in den
Eiern. Meine Hand fuhr augenblicklich zum Reißverschluß.

INNENSTADTLINIE

Wegen des Regens, der sei dem späten Nachmittag unablässig herunterrauschte, drängte die Menge in der Rush Hour noch eiliger als sonst nach Hause und aus der Nässe, die mitten im Juli über New York hereingebrochen war. Zusammen mit der kochenden Hitze hatte der Regen die Stadt in einen dampfenden Dschungel verwandelt, in dem jedermann verklebt und heiß und gereizt herumirrte. Es regnete immer noch, als ich aus dem Büro kam, und da ich meinen Schirm zu Hause gelassen hatte, war ich völlig durchnäßt, als ich es endlich zur U-Bahn-Station in der Einundfünfzigsten Straße geschafft hatte.

Der Bahnsteig wimmelte von Leuten, die auf Linie sechs in die Innenstadt warteten, so daß ich, als ich die Scheinwerfer eines ankommenden Zuges sah, beschloß, auf den nächsten zu warten. In eine heiße U-Bahn eingepfercht zu sein, ist schlimm genug; 40 Blocks weit mit nassen, schlechtgelaunten Menschen darin eingepfercht zu sein, ist die blanke Hölle. Ich trat zurück und sah zu, wie die Leute sich durch die Türen quetschten, sich balgten, um Taschen und Schirme hineinzuzerren, bevor sie zuknallten. Endlich, nachdem die Türen mehrmals auf- und zugeschlagen waren, weil sich jemand im allerletzten Moment noch in die überfüllten Wägen hineinzuzwängen versuchte, fuhr der Zug ab.

Noch ein paar andere, die beschlossen hatten, auch auf den nächsten Zug zu warten, standen auf dem Bahnsteig und reckten die Hälse nach den vielsagenden gelben Punkten am Horizont, die den nächsten Zug ankündigten. Glücklicherweise fuhr wenige Minuten darauf einer ein, der, da nicht genug Zeit gewesen war, daß eine neue Menge sich hatte ansammeln können, weitgehend leer war. Als die Türen aufzischten, stieg ich ein und ließ mich auf den ersten freien Platz fallen, um auf meine Haltestelle am Astor Place zu warten.

Wenn man einige Zeit in New York lebt und regelmäßig die U-Bahn benutzt, gewöhnt man sich daran, die Mitfahrenden im Wagen zu mustern. Außer mir waren etwa ein Dutzend anderer Leute im Wagen, einschließlich einer Gruppe von Schulmädchen in ihren üblichen karierten Röcken und weißen Blusen der katholischen Lehranstalten der Stadt, aber zusätzlich mit den in der Schule verbotenen geschminkten Lippen, Kaugummis und Zigaretten in den Brusttaschen. Abgesehen von ein paar Businesstypen waren die anderen Passagiere ein älteres Paar mit Einkaufsnetzen voller Äpfel und in Papier geschlagener Päckchen, die verdächtig nach frischem Fisch rochen.

Als der Zug in der Station an der Zweiundvierzigsten Straße einfuhr, stiegen die meisten Passagiere aus, um ihre Anschlußzüge in Grand Central zu bekommen, die sie aus der Stadt bringen würden. Es stiegen ein paar weitere Personen ein, darunter ein U-Bahn-Bulle, der in der Tür stehenblieb, um den Wagen zu überwachen. Er musterte die Mitfahrer, entspannte sich, zufrieden, daß alles in Ordnung war, und lehnte sich gegen die Tür, während der Zug seine ratternde Fahrt durch die Tunnels unter der Stadt fortsetzte.

Da der Bulle mich anschaute, schaute ich ihn unwillkürlich auch an. Er schien Anfang dreißig zu sein und hatte ein offenes, hübsches Gesicht, das von einem Eintagesbart umschattet wurde, und tiefe, braune Augen, die unter seiner Mütze hervor auf die mit Graffiti beschmierten Wände schauten, die an den Fenstern vorbeihuschten. Er hatte die Arme vor der Brust verschränkt, und seine blaue Uniform spannte sich eng um seinen breiten, muskulösen Leib. Der Hitze wegen stand sein Hemd offen, und über den Bund seines T-Shirts lugte am Hals ein Streifen schwarzer Haare. Und was am besten war, er hatte muskulöse Unterarme, die von weichem, schwarzem Haar bedeckt waren, und kräftige Handgelenke, die in riesigen Händen endeten.

Ich tat, als betrachtete ich eine Anzeige für die Beseitigung von Hämorrhoiden mit Laser an der Wand über seinem Kopf, während ich versuchte, sein Namensschild zu entziffern. So wie er stand, konnte ich nur die Buchstaben '-nni' am Ende ausmachen. Der Rest war meiner Sicht entzogen. *Ein Italoboy*, dachte ich kurz. *Paßt.* Für italienische Männer, besonders große, stämmige, wie diesen Bullen da, hatte ich schon immer eine große Schwäche gehabt. Ich warf weiter verstohlene Blicke auf ihn, bis er sich endlich zur Seite drehte und der Rest seines Namens zu lesen war. Giovanni. Was den Italiener betraf, hatte ich recht gehabt.

Ich lenkte den Blick wieder zurück auf seinen Körper, über den dicken Ledergürtel, an dem sein Revolver und ein Schlagstock hingen, und er blieb an der riesigen Beule zwischen seinen Beinen kleben. Selbst in der billig geschnittenen Uniform konnte ich ein fettes Stück erkennen. An der linken Seite seiner Hose verlief ein dicker Wulst, und wenn er das Gewicht verlagerte, sah ich, wie sein Schwanz sich mitbewegte. Von dem wundervollen Paar von Eiern, die hinter dem Reißverschluß seiner Hose warten mußten, konnte ich nur träumen. Als er sich mit einer Hand zwischen die Beine fuhr und leicht zudrückte, konnte ich mich nur mit Mühe zurückhalten, nicht auf die Knie zu fallen, um ihm einen zu blasen.

Als ich aufschaute, sah ich, daß er mich mit durchbohrendem Blick direkt anstarrte. *Oh, Scheiße*, dachte ich, *er hat mich beim Hinglotzen erwischt*. Ich versuchte, so zu tun, als schaue ich jemanden neben ihm an, wußte aber, daß er mich gesehen hatte. Ich hoffte, mein Gesicht würde nicht so rot sein, wie es sich anfühlte, und wünschte mir, wenigstens eine Zeitung zu haben, um so tun zu können, als läse ich darin. Als er in seine Gesäßtasche griff und sein Notizbuch herauszog, wartete ich nur darauf, daß er zu mir käme und mir einen Strafzettel überreichte. Wofür wußte ich nicht – lüsternes Anstarren oder offensichtliche Perversion oder in der Öffentlichkeit von einem New Yorker U-Bahn-Bullen mit einem tollen Schwanz träumen oder sonstwas.

Zu meiner Verblüffung drehte er mir einfach nur den Rücken zu. Als ich aufschaute, sah ich nur noch die festen, runden Kugeln seines saftigen Hinterns. Obwohl ich sie gerne ein wenig länger angeschaut hätte, beschloß ich, mein Glück nicht auf die Probe zu stellen. Bis zum nächsten Halt beschäftigte ich mich damit, irgend etwas in meiner Aktentasche zu suchen. Als sich dort die Türen öffneten, stieg der Bulle aus dem Zug, und ich atmete erleichtert auf. Als der Zug aus der Station fuhr, schaute ich aus dem Fenster und sah ihn zusammen mit einem anderen Bullen, mit dem er über einen Witz lachte, über den Bahnsteig schlendern. *Wahrscheinlich erzählt er seinem Kumpel von der Schwuchtel, die ihn angecheckt hat*, dachte ich, während ich aufstand und zur Tür ging, um auf meine Haltestelle zu warten.

Als der Zug am Astor Place anhielt, bemerkte ich, daß auf dem Sitz, wo der Bulle gestanden hatte, etwas lag. Zu-

erst glaubte ich, es sei die übliche Werbung für Textverar-
beitungsdienste oder Madame Woos Wahrsagepalast, aber
dazu glänzte es zu sehr. Ich hob es auf und sah, daß es sich
um ein Polaroidfoto handelte. Ich drehte es um und wollte
meinen Augen nicht trauen. Es war ein Bild des Bullen.
Nur daß er nackt war und nur mit seiner Uniformmütze auf
dem Kopf auf einem Bett lag. Und er zeigte einen der größten Ständer, die ich je gesehen hatte. Seine Faust war um
einen massiven Schwanz geschlossen, der nach mindestens
dreiundzwanzig Zentimetern aussah, und zwischen seinen
Schenkeln hingen seine Eier wie zwei überreife Pfirsiche.
Er blickte direkt in die Kamera, und ich sah jeden Zug seines hübschen Gesichts.

Ich war so verblüfft von meinen Fund, daß ich nicht bemerkte, daß der Zug angehalten hatte, bis mich jemand in
den Rücken stupste und sagte: »Mach zu, Kumpel. Du
stehst in der Tür.« Hastig steckte ich das Bild in die Tasche und stieg aus, ging eilig durch das Drehkreuz und die
Treppe hinauf zur Straße. Sobald ich im Hellen war, war
ich versucht, das Bild wieder herauszuziehen, um mich zu
vergewissern, daß es wirklich der Bulle war, den ich gesehen hatte und niemand anderes. Aber es regnete noch immer, und der Gehsteig wimmelte von Menschen, so daß ich
so schnell wie möglich die wenigen restlichen Blocks zu
meiner Wohnung hinter mich brachte, wobei in meinem
Kopf das Bild des großen Mannes, der seinen Schwengel
bearbeitete, brannte, während ich das Foto in meiner
Tasche abtastete.

Kaum war meine Tür geschlossen und verriegelt, als ich
das Bild wieder aus der Tasche zog und es anstarrte. Es gab
keinen Zweifel: der Mann auf dem Bild war der gleiche
Bulle, den ich angeglotzt hatte. Das einzige wozu ich fähig

war, war, seine breite Brust, seine dicken Brustwarzen und, vor allem, seinen riesigen Bolzen in mich aufzunehmen. Die große Eichel war fest von seiner Faust umspannt, und ich konnte erkennen, daß silbrige Lusttropfen aus dem Loch drangen. Mein Schwanz schwoll an, während ich das Bild in meiner Hand betrachtete. Unangenehm preßte er sich gegen meine feuchte Hose.

Ich ging ins Schlafzimmer, wo ich widerwillig das Bild auf den Nachttisch legte. Hastig zerrte ich mir die nassen Klamotten vom Leib, warf sie zu Boden und trocknete mich mit einem Handtuch ab. Nackt stieg ich ins Bett und legte mich mit dem Bild in der Hand in die Kissen zurück. Während ich mir jede Einzelheit auf dem Foto einzuprägen versuchte, fing ich an, meinen Schwanz zu wichsen. Nach kurzer Zeit hatte er sich zu seinen vollen zwanzigeinhalb Zentimetern gereckt und lag flach an meinem Bauch.

Ich versuchte, mir die Umstände vorzustellen, unter denen das Foto entstanden war. Wer hatte es aufgenommen? Ich dachte mir, es sei seine Freundin gewesen, die es geknipst hatte, vermutlich unmittelbar bevor er sie über die Bettkante geworfen und mit seinem dicken Bolzen ihre glückliche Möse gefickt hatte. Höchstwahrscheinlich hatte sie ihm zuerst einen geblasen, bis sein Pfahl schön steif war, und dann hatten sie sich gegenseitig fotografiert, ehe sie sich ans Ficken gemacht hatten. Ich sah ihn hinter ihr herankommen, nachdem sie die Kamera hingelegt hatte, und mit der Bolzenspitze in sie eindringen; sie mit beiden Händen an den Hüften festhaltend, während er ihr seine ganze Länge in die Schachtel stieß. Ich stellte mir vor, wie ihre Schamlippen sich spreizten, als seine Manneszierde in sie vorstieß, ihr Wimmern, als sein Umfang sie weit dehnte.

Der Gedanke an den riesigen Macker, der sich mit seinem Schwanz in einem willigen Loch vergnügte, machte mich ebenfalls geil. Ich griff in die Nachttischschublade holte einen Dildo und eine Flasche Gleitmittel heraus. Dann stellte ich das Foto so auf den Nachttisch, daß ich es sehen konnte und legte hinter mir die Kissen zurecht, so daß ich mich dagegenlehnen konnte. Ich goß ein wenig Gleitmittel auf die Hand und verrieb es auf meiner gierigen Rosette, befeuchtete den Rand und versenkte zwei Finger, um sie ein bißchen zu dehnen. Dann beschmierte ich der Länge nach den Dildo, ein dickes Monster, das ich nur in den Arsch bekam, wenn ich wirklich geil war und einen guten, harten Fick brauchte. Mit gespreizten Beinen zog ich die Knie an die Brust und setzte die fette Eichel am Arschloch an. Es tat höllisch weh, als die Spitze eindrang, aber ich hielt den Blick auf das Gesicht des Bullen gerichtet, während ich Zentimeter um Zentimeter in mich hineinstieß.

Nach ein paar Minuten Stoßen und Entspannen spürte ich das Ende des Dildos an den Arschbacken. Mein ganzer Arsch war jetzt mit Mannesfleisch ausgefüllt, und mein Schwengel hatte reagiert, indem er eine Ladung Lusttropfen auf meinen Bauch entlud. Mit der freien Hand schöpfte ich etwas davon auf und benutzte es, um meine Rute einzuschmieren, die ich unablässig pumpte, während ich mich an die Größe des Dildos gewöhnte. Mein Arschloch zitterte, als es sich dehnte, um sich an seine Dicke anzupassen, und tief im Innern spürte ich die Eichel. Es war ein tolles Gefühl, besonders wenn ich mir vorstellte, daß da drinnen Officer Giovannis Gerät steckte.

Kurz darauf zog ich am Ende des Dildos und ließ ihn ein paar Zentimeter herausgleiten. Dabei schloß ich die Augen und stellte mir vor, den fetten Bolzen des Bullen in den Arsch zu kriegen. Ich spürte förmlich seine Hände auf meiner Brust, während ich mir einbildete, von ihm penetriert zu werden, seine Finger, die meine Titten zwirbelten, während er wie wild mein Loch bearbeitete. Ich zog den Dildo noch ein Stück weiter heraus, um ihn dann zurückzustoßen und zu stöhnen, als er mich erneut ausfüllte.

Ich hörte ihn mir Befehle ins Ohr knurren und spürte seine rauhe Wange über mein Gesicht kratzen, während er auf mir lag. »Nimm meinen Schwanz«, würde er befehlen. »Du kriegst jeden beschissenen Zentimeter in deinen engen Arsch.« Ich zog den Dildo so weit heraus, daß nur noch die Spitze in meinem bebenden Schließmuskel steckte, dann rammte ich ihn zurück, wobei ich mir vorstellte, daß mir seine feisten Nüsse gegen die Arschbacken knallten. Ich spürte seinen warmen Atem am Hals, während ich den Dildo ein- und ausrammte, der an meiner Rosette scheuerte, bis sie wund und roh war. Wobei sich mir unablässig die Vorstellung, von ihm gefickt zu werden, im Kopf drehte.

Ich spürte, daß ich gleich mein Sperma aus meinen ächzenden Eiern entladen würde, und fing an, meinen Schwengel, über den meine Faust auf der Schicht klebriger Lusttropfen glitt, die stetig aus der geblähten Eichel quollen, noch schneller zu pumpen. Im Takt zu meinen Stößen zog ich immer an meinem Schwanz, wenn der Dildo in meinen Arsch zurückglitt, und kam in einen gleichmäßigen Rhythmus, der mich an die Schwelle brachte. Genau als ich kam, öffnete ich die Augen und blickte das Bild auf dem Nachttisch an. Der erste Schuß platschte mir auf die Brust, als ich auf des steife Gerät des Bullen starrte und mir vorstellte, es schwelle von seiner Ladung an. Bei dem Vorstellung seiner von Sperma bespritzten Brust reagierten meine Eier, indem sie Schwall auf Schwall entluden, bis ich von dem Zeug überflutet war und es mir an den Seiten herunter aufs Bett rann. Nachdem der letzte Batzen aus meiner überlasteten Röhre geschossen war, fiel ich erschöpft in die Kissen, den Arsch noch immer fest um den Dildo geklammert, während der Bulle mit noch immer steifem und bereitem Schwanz in der Hand zu mir zurückstarrte.

Jedesmal wenn in dieser Nacht mein Blick auf das Bild fiel, wurde ich augenblicklich steif. Ich spritzte noch dreimal ab, indem ich mir, nachdem ich die Blaupausen, die ich für eine Sitzung mit den Kunden am nächsten Morgen bearbeiten sollte, weggelegt hatte, einen auf den Bullenmacker runterholte. Ich konnte mir immer noch nicht denken, wie er das Bild hatte fallenlassen, oder warum überhaupt. Es mußte in dem Notizbuch in seiner Tasche gesteckt haben und herausgefallen sein, als er es öffnete. Ich war einfach froh, es gefunden zu haben. Mit dem Bild von dem Kerl hatte ich besseren Sex gehabt als mit den meisten realen Männern.

Am nächsten Tag hielt ich in der Bahn Ausschau nach Officer Giovanni, aber er war nirgends zu sehen. Das gleiche galt für die nächste Woche; jeden Tag wartete ich darauf, ihn einsteigen und mich in der Tür mit seinem hübschen Gesicht anschauen zu sehen, nur um enttäuscht den Heimweg anzutreten. Ich mußte mich damit begnügen, nach Hause zu gehen und mir allnächtlich auf sein Bild einen runterzuholen. Ich hätte ihm nichts zu sagen gehabt, wenn ich ihn gesehen hätte, aber ich schaute mich immer noch um, wenn der Zug bei der Zweiundvierzigsten Straße einfuhr.

Dann, etwa zwei Wochen, nachdem ich das Bild gefunden hatte, sah ich ihn wieder. Ich hatte lange im Büro an einem eiligen Projekt gearbeitet und die letzten Konstruktionsdetails an einem Haus abgeschlossen. Kurz nach Mitternacht hatte ich die letzten Anweisungen eingetragen und stolperte mit dicken Augen in die Station, um mit der U-Bahn nach Hause zu fahren. Als der Zug kam, setzte ich mich auf meinen Platz und wartete auf meine Haltestelle, während ich an den Genuß dachte, der mich auf meinem Nachttisch erwartete. Ich war beinahe eingeschlafen, als eine Hand mich wachrüttelte. »Hey, Kumpel, aufwachen«, sagte eine tiefe Stimme. »Sie müssen mitkommen.«

Erschreckt schaute ich auf und genau in das Gesicht, an das ich eben gedacht hatte. Der Bulle schaute auf mich herab, die Hand noch immer auf meiner Schulter. Kein Zweifel, es war Giovanni. »Stimmt 'was nicht?« fragte ich verwirrt.

»Sie müssen mit mir kommen«, wiederholte er. »Auf geht's.« Er packte mich am Oberarm, zog mich hoch und drängte mich zur Tür. Die wenigen anderen Passagiere, die sich im Wagen befanden, schauten kaum auf, als er mich auf den verlassenen Bahnsteig schubste. Ich wußte nicht einmal, welche Haltestelle es war.

»Ich glaube, Sie machen einen Fehler«, sagte ich. »Ich habe keine Ahnung, was -«

»Schnauze«, unterbrach er mich, wobei er seine Handschellen vom Gürtel nahm und sie mir um die Handgelenke klicken ließ. »Wir beide haben noch was zu erledigen.« Er sagte kein Wort weiter. Er stieß mich einfach über den leeren Bahnsteig vor sich her auf die U-Bahn-Treppen zu. Während ich, den Arm von seiner Hand umklammert, vor ihm herging, versuchte ich mir vorzustellen, was er von mir wollte. Er konnte nicht wissen, daß ich sein Foto gefunden hatte. Und wenn doch, warum hatte er mir dann Handschellen angelegt?

Wirklich nervös zu werden fing ich an, als er am Ende der Treppe einen Schlüssel von seinem Gürtel nahm, mit dem er eine Tür hinter der Kartenverkaufsstelle aufsperrte. Keine der beiden Frauen hinter der Scheibe nahm Notiz davon, als er mich durch die Tür stieß, und zum erstenmal wünschte ich mir, die Leute in der Stadt würden ein wenig mehr darauf achten, was um sie herum vorging. Als ich hinter mir ein Schloß zuschnappen hörte, war mir klar, daß ich in der Scheiße steckte. »Hören Sie«, sagte ich, »wenn es da irgend ein Problem gibt, wüßte ich gerne -«

»Schnauze hab' ich gesagt!« herrschte er mich an, und ich beschloß, lieber auf ihn zu hören.

Der Bulle führte mich durch einen dunklen, engen Korridor zu einer anderen Tür, die er mit der Schulter aufstieß. Dabei stieß er ein leises Grunzen aus, und ich spürte seinen warmen Atem im Nacken. Er schob mich durch die Tür und folgte mir dichtauf. Wir befanden uns in einem Raum mit lauter grauen Spinden an der Wand. Ein paar Holzbänke waren am Boden vernietet, und an einer Wand hingen an hölzernen Haken schwere blaue Mäntel und leere Uniformgürtel. Darunter waren in sauberer Linie hohe schwarze Stiefel aufgereiht, deren Leder matt schimmerte. Es roch leicht nach Schweiß und Hitze, und ich stellte fest, daß die Luft feucht war, als habe jemand vor kurzem eine Dusche genommen. Es schien sich um eine Art Polizeiumkleideraum zu handeln.

Giovanni schubste mich in die Mitte des Raumes, ging dann um mich herum und stellte sich vor mir auf, um mich aus seinen dunklen Augen von oben bis unten zu mustern. Ich hätte ihm zu gerne ins Gesicht geschaut, um zu sehen, ob er so hübsch war wie in meiner Erinnerung, aber ich traute mich nicht. Statt dessen blickte ich auf seine schweren Schuhe nieder und wartete, darauf, daß er etwas sagte. Als er mich mit leicht auf dem Zementboden scharrenden Schuhen langsam umkreiste, spürte ich, wie sein Blick über meinen Körper wanderte, als ob er direkt durch mich hindurchsehen könnte und wüßte, was ich mit seinem Foto gemacht hatte.

Ich hätte nie an das Foto denken sollen, denn selbst jetzt, in Handschellen und in Erwartung, daß der riesige Bulle mir gleich die Scheiße aus dem Leib prügeln würde, konnte ich an nichts anderes denken als an seinen massiven Schwanz und die haarigen Eier. Und je mehr ich an sie dachte, desto steifer wurde mein Schwanz, bis er unter der Hose nach vorne stand. Ich wußte, daß Giovanni die Beule hatte sehen können, und als er wieder hinter mir stand, schloß ich die Augen und wartete auf den ersten Faustschlag in die Nieren. »Na, hat's Spaß gemacht mit meinem Foto?« fragte er von hinter mir.

Ich wußte nicht genau, was ich antworten sollte. Wenn ich ja sagte, dann würde ihm ganz klar sein, daß ich es hatte. Sagte ich nein, wußte er wahrscheinlich, daß ich log. So oder so, ich war echt in Schwierigkeiten. »Ja«, sagte ich schließlich. Er kam näher, so daß ich seine Brust im Rücken spüren konnte. »Ich hab' gesehen, wie du mich letztens im Zug angeschaut hast«, knurrte er. »Du hast ausgesehen wie'n verhungerter, kleiner Schwanzlutscher, so wie du auf mein' Ding geglotzt hast. Sah aus, als wärst du am liebsten auf die Knie gefallen und hätt'st dir von mir mein' Steifen ins Maul schieben lassen.« Da dies genau das war, was ich gedacht hatte, stritt ich es nicht ab.

Seine tiefe, männliche Stimme wirkte Wunder auf meinen Ständer. Je länger er sprach, desto geiler wurde ich.

»Ich seh' 'ne Menge Kerle wie dich«, fuhr er fort. »Die gucken mich gerne an und checken aus, was ich in der Hose hab'. Die meisten sind kein' Stück Scheiße wert, die wüßten gar nicht, was sie mit 'nem echten Mann anfangen sollten, wenn 'se ihn in die Finger bekämen.« Damit beugte er sich über mich, als wolle er mir ein Geheimnis anvertrauen, und seine Wärme war elektrisierend. »Aber bei dir hatt' ich das Gefühl, du wüßtest, was du tun mußt«, fuhr er fort. »Deshalb hab' ich dir meine kleine Visitenkarte dagelassen. Ich hoffe, du hast se richtig verwendet.«

Vor Überraschung muß mir der Kiefer heruntergeklappt sein, als ich ihn das sagen hörte. Er hatte doch tatsächlich das Bild liegen lassen, damit ich es finden sollte! Er kam mit dem Mund näher an mein Ohr, so nahe, daß ich die Mischung aus Aftershave und Schweiß auf seiner Haut riechen konnte, und flüsterte: »Hast'e abgespritzt auf mein' dicken Bullenschwengel? Hat's dir gefallen?« Eine seiner Hände faßte um meinen Hals, während er sich von hinten an mich preßte, und seine dicken Finger streichelten mich an der Kehle. Ich hätte um ein Haar abgespritzt, als ich seinen Steifen an mir spürte. »Bist'e gekommen, als dran gedacht hast, mein' Schwanz im Arsch zu haben?« sagte er. Unwillkürlich mußte ich stöhnen, als ich mit ja antwortete.

Noch immer von hinten zerrte Giovanni am Knoten meiner Krawatte, und seine dicken Finger lösten die verknotete Seide mühelos. Dann machte er sich brustabwärts über die Knöpfe an meinem Hemd her. Als es weit offen stand, steckte er seine Hand darunter und fing an, mir über die Brust zu reiben. »Schön fest«, murmelte er, während er das glatte Fleisch massierte, das ich mehrmals in der Woche im Sportstudio trainierte. Er faßte nach einer meiner empfindlichen Brustwarzen und zwirbelte sie, was mich zum

Erschauern brachte. Als er meine Reaktion sah, hob er die zweite Hand und fing an, beide Brustwarzen zu bearbeiten, indem er sie zwischen den Fingern drehte, während er sich an meinem Arsch rieb. Ich lehnte mich gegen ihn zurück, um mich von ihm stützten zu lassen, während ich mich seinen Liebkosungen hingab. »Oh, ja«, sagte er leise und bedeckte meinen Hals mit heißen Küssen, »ich glaub' du weißt genau, was man mit 'nem Mann wie mir anfängt. «

Seine Hände rissen mir hastig den Gürtel auf und zerrten den Reißverschluß nach unten. Im Nu lag mein Hose am Fußboden. Ich streifte die Schuhe ab, und Giovanni kickte alles aus dem Weg. Dann zerrte er mir das Hemd vom Leib, wobei er die dünne Baumwolle mühelos über die Handschellen riß, und warf die Lumpen beiseite. Bald hatte sich meine Unterwäsche zu dem Haufen meiner sonstigen Kleider auf dem Fußboden gesellt, und ich stand nackt mit auf dem Rücken gefesselten Händen da.

Giovanni ging um mich herum, wobei seine Finger mich leicht streiften, als sie über meinen Bauch, meine Schultern, den Rücken hinab und über meinen Arsch wanderten. Seine Hand umschlang meine steifen Latte und zupfte an meinen Eiern. »'n hübschen Schwanz hast'e da«, sagte Giovanni, während er meinen Schaft langsam wichste. »Fast so hübsch wie meiner.« Er steckte mir einen fetten Finger zwischen die Lippen und fuhr mir damit über die Zähne, als sei es sein Ständer. Ich lutschte zärtlich daran, spürte ihn auf der Zunge und leckte über die weichen Härchen auf seinem Knöchel. Ich ächzte danach, sein Handgelenk zu nehmen und ihn in und aus meinem Mund zu führen, mußte mich aber damit begnügen, an seiner Hand zu lutschen.

Durch die Hose hindurch rieb er sich selbst den Schwanz. Ich konnte den Umriß der fetten Eichel sehen, die sich halb über seinem Schenkel blähte. »Wie wär's, ihn dir in Fleisch und Blut anzuschauen?« fragte er. »Vielleicht zeig' ich ihn dir, wenn du nett drum bittest.« Er pumpte noch mehr Blut in seinem Schwanz, und die dicke Röhre wuchs noch ein paar Zentimeter mehr unter dem blauen Stoff.

»Ja, bitte«, keuchte ich, während er meinen Sack fest quetschte und die Eier nach unten zog, was einen Batzen Schwanzschleim aus meinem Loch tröpfeln ließ. »Ich möchte ihn sehen.«

Zu meiner großen Enttäuschung ging der Bulle davon, setzte sich auf eine der Holzbänke und schaute mich an, während ich mit meinem tröpfelnden Gerät stehen blieb, ohne es befriedigen zu können. Den Blick auf mich gerichtet, fing er an, langsam sein Hemd aufzuknöpfen. Es schien ewig zu dauern, während er jeden einzelnen Knopf gewissenhaft durch das Loch stieß und den Stoff auseinanderzog. Sein Striptease machte mich wahnsinnig. Unter der Uniform trug er ein weißes T-Shirt, und während sich sein Hemd immer weiter öffnete, wurde ein breiter weißer Spalt sichtbar. Als der letzte Knopf offen war, zog er sich das Hemd vollends aus der Hose und schüttelte das ganze Teil ab.

Durch das T-Shirt waren die Wellen auf seiner massigen Brust zu sehen, und sein Körper war noch schöner, als ich es in Erinnerung hatte. Ich hielt den Atem an, als er nach unten zum Saum des T-Shirts griff. Er hob die Arme über die Brust und schälte sich langsam aus dem Hemd, wobei Zentimeter um Zentimeter sein sexy Oberkörper sichtbar wurde, während er es sich über den Kopf zog. Als es am Hals angekommen war, hielt er einen Moment inne. Die Armmuskeln schwollen an, und unter dem weißen Rand enthüllten sich die dunklen Wälder seiner Achselhöhlen, worauf er das letzte Stück über den Kopf zerrte.

An die Bank zurückgelehnt ließ er mich seinen behaarten, muskulösen Leib in mich aufnehmen, während er sich mit den Händen von seiner Brust abwärts bis zum Unterleib strich und am Gürtel seiner Uniformhose halt machte. Er wußte, daß er mich quälte, und um seine Mundwinkel spielte ein verschmitztes Lächeln, während er einen entsetzlich langen Moment abwartete, ehe er den Gürtel öffnete und anfing, den Reißverschluß herunterzuziehen, indem er die metallenen Zähne langsam und bedächtig teilte. Als er offenstand, setzte er sich aufrecht und beugte sich vornüber, um die Schuhe auszuziehen, wobei er mir einen kurzen Blick auf seinen bepelzten Unterleib gestattete und den Rest im Verborgenen ließ.

Ich glaubte, ich müsse quer über den Fußboden abspritzen, nur wenn ich dem großen Macker beim Ausziehen zusah. Ich liebte den Anblick seiner Hände, die sich über den Körper bewegten, Knöpfe durch Löcher steckten und das Blau seiner Uniform abstreiften, um sein Fleisch und seine Knochen zu enthüllen. Verzweifelt wünschte ich mir, mit meinem Schwanz spielen zu dürfen, aber die Handschellen fesselten mir die Hände auf den Rücken, und ich konnte nur darauf warten, daß er fortfuhr. Er schien ewig zu brauchen, um sich die Schuhe und Socken auszuziehen, aber dann stand er auf und schob sich die Hose über die Hüften. Mein Blick folgte ihnen, als sie über seine Beine rutschten, und endlich bekam ich zu sehen, worauf ich gewartet hatte.

Giovanni trug blaue Boxershorts, und die deutlichen Linien des Tuchs hoben sich wundervoll von seiner dunkel gebräunten Haut ab, seine behaarten Schenkel waren in dem weichen Stoff geborgen, und der Bund unterbrach den pelzigen Streifen auf seinem Bauch. Seine Eier ruhten in einem kräftigen Beutel zwischen seinen Beinen, und sein Schwanz beulte sich an einer Seite aus wie eine Ader unter bleicher Haut. Er war der schärfste Typ, den ich je gesehen hatte, und ich wollte ihn mehr, als ich je in meinem Leben einen Mann gewollt hatte.

Er drehte sich um, stützte sich auf dem breiten Brett ab, beugte sich über die Bank und spreizte die Beine. Dabei spannte seine Shorts sich über seinen Arschbacken und ließ die großen, runden Kugeln und die langen, gewellten Muskeln auf seinem Rücken sehen. Ein Büschel Haare beschattete seinen Rücken genau über dem Bund seiner Shorts, und seine runden Waden schwollen an, als er die Knie beugte. Er hakte die Daumen in den Bund, zog langsam die Shorts nach unten und enthüllte immer mehr von seinem fellbedeckten Arsch. Als er sie herunterhatte, beugte er sich wieder vornüber und spreizte mit den Händen die Backen, um mir kurz einen Blick auf sein behaartes Loch in der Mitte zu gewähren. Seine riesigen Eier pendelten zwischen seinen gespreizten Beinen, und ich konnte den Schatten seines Schwanzes sehen, der vor ihm zuckte.

Der Bulle lieferte mir eine richtige Show, und ich genoß jede einzelne Minute. Je mehr er seinen fleischigen Arsch betatschte, desto stürmischer pochten meine Eier vor Erregung, während ich darüber nachdachte, wie es wohl wäre, wenn ich meine Zunge in sein saftiges Loch vergraben und mir seine Eier gegen das Kinn klatschen lassen, während ich jeden Zentimeter seines geilen Hinterns auslecken würde. Als er sich endlich umdrehte und ich seinen Schwengel sah, könnte ich mich nur mit Mühe zurückhalten, meine Eier zu entladen. Sein Bolzen war noch länger als ich es mir vorgestellt hatte. Er ragte gute fünfundzwanzig Zentimeter oder noch mehr aus seiner Faust.

Giovanni setzte sich und fing an, an sich herumzuspielen, indem er mit langen, bedächtigen Stößen auf und ab an seinem wundervollen Schwanz, seine aufgeblähte Latte wichste. Der Anblick seiner dicken, um den gewaltigen Schaft geschlossenen Finger und seines behaarten, muskulösen Unterarms, der sich auf- und abbewegte, faszinierte mich, und mir war, als könnte ich ihm in alle Ewigkeit beim Wichsen zusehen. Alleine zu sehen, wie seine Eier sich im Takt seines Arms hoben und senkten, genügte fast, mich kommen zu lassen.

Er wußte, wie geil er aussah, wenn er sich bearbeitete, und saß da und pumpte seinen Schwengel stundenlang, wie mir schien, während ich immer frustrierter darüber wurde, daß ich nichts tun konnte. Ein paarmal erkannte ich an der Art, wie sein Gesicht sich anspannte, daß er kurz davor stand, zu kommen, und wartete darauf, daß seine dicke Bullenladung den Fußboden überschwemmen würde. Aber jedesmal klammerte er den Finger fest um die Wurzel seiner Latte und hielt einen Augenblick inne, bis er wieder so beruhigt war, um weitermachen zu können. Dann fing er von vorne an, seinen Schaft zärtlich mit der großen Hand zu liebkosen, während er sich mit der anderen von Zeit zu Zeit über die Brust streichelte und mit den Titten spielte und sie manchmal unter seine Eier führte, um sein Loch zu befingern.

Endlich, als ich schon glaubte, es keine Sekunde länger mehr ertragen zu können, ihm zuzusehen, hörte er auf. »Komm hier rüber!« befahl er. Ich ging zur Bank, kniete zwischen seinen Beinen nieder und blickte auf das zuckende Gerät, das er mir ins Gesicht hielt. Der Schaft war büschelweise von dunklen Haaren bedeckt, die einige Zentimeter von seinen Eiern aufstiegen, bevor sie glattem, hartem Fleisch platzmachten, und die Spitze war breit und blutdurchströmt. Ein Lusttropfen rann durch den Einschnitt in der Eichel, und mir lief das Wasser im Mund zusammen, wenn ich nur daran dachte, wie gut er schmecken würde. Aber ich wartete ab, bis er mir sagte, was er wollte.

»Leck ihn«, sagte er. »Mach das, wo du 'von geträumt hast, wenn du mein Bild betrachtet hast.« Ich kroch vorwärts, bis ich genau zwischen seinen Beinen war, beugte mich nach vorn und ließ mir seine Eichel in den Mund rutschen, um die ich gierig die Lippen schloß. Der Bullenschwanz fühlte sich so scharf im Mund an, und ich war so geil, daß ich augenblicklich tiefer ging, bis ich seinen Busch am Gesicht spürte. Meine Kehle schmerzte von den Ausmaßen, aber er schmeckte so verdammt gut, daß es mir nichts ausmachte. Ich schlabberte an seinem Dödel, als sei er das Beste, was ich je im Mund gehabt hätte, und so war es auch. Ich konnte spüren, wie das Blut durch ihn strömte, während ich ihn lutschte, und schmeckte seine köstlichen Lusttropfen, die aus seinem Loch zu rinnen begannen.

Ich schaute zu Giovannis dunklen Augen auf, während ich ihn blies, und beobachtete die Lust in seinem Gesicht, als ich ihn bediente, indem ich an seinem riesigen Teil auf- und ablutschte. Immer wenn ich an seine empfindliche Knolle kam und mit den Zähnen an ihr schabte, zuckte sein Gesicht, und ich konnte eine kleine Narbe an seinem Stoppelkinn erkennen, wenn er die Zähne zusammenbiß. Er war so verdammt sexy, daß ich alles getan hätte, um ihm Freude zu bereiten. Als er mir die Hand an den Hals legte, rieb ich mein Gesicht an den weichen Haaren auf seinem Arm, während ich seinen Schwanz bearbeitete und jeden einzelnen Zentimeter in mich aufnahm, bis in meiner Kehle der Schmerz tobte. Ich liebte das Gefühl seiner Finger, die sich an meine Haut preßten, und die Art, in der sich seine Armmuskeln an meinem Gesicht spannten, während sein Schwanz in meinem Mund ein- und ausfuhr. Er war alles, was ich je gewollt hatte, und ich hätte ihn die ganze Nacht blasen können.

Aber der Bulle hatte anderes vor. Er zog den Schwanz aus meinem Mund, legte sich auf die Bank zurück, so daß sein Schwengel sich über seinen Bauch streckte und seine Eier über die Kante der Holzplatte hingen. »Komm hier rauf!« Seine Stimme war tief und von Lust erfüllt. Ich wußte, er war bereit, sein großes Teil zu etwas anderem zu gebrauchen, als es vorzuführen, und ich konnte es nicht erwarten, zu erfahren, was der Mann mit seinem riesigen Schwanz mit meinem Arschloch anzustellen in der Lage war.

Ich stand auf und setzte mich auf seinen Bauch. Meine Beine streckten sich über seine Hüfte, und seine Hände packten mich an den Arschbacken, während ich mich hinunterbeugte, um an seinen Brustwarzen zu saugen. Er stöhnte auf, als ich in eine zärtlich hineinbiß. Sein Schwanz zuckte unter meinem Arsch. Während ich ihm die Titte leckte, rutschte ich über seinen behaarten Leib und genoß das Gefühl, ihn an meiner glatten Haut zu spüren, die Art, in der die Haare mich an den Eiern und der Eichel kitzelte. Ich spürte, wie sein Schwanz durch meine Arschspalte glitt, und hob mich ein wenig an, so daß sich die breite Spitze an mein Loch preßte.

Giovanni war mehr als bereit für mich, und er stieß drängend in mich hinein, als ich mich auf seinen fetten Kolben absenkte, bis ich seinen runzeligen Sack an den Fingerspitzen meiner gefesselten Hände spürte. Die Wände meines Arschlochs schwollen an, als sein Fleisch mich voll ausfüllte, und mir war klar, daß es später höllisch wehtun würde. Dennoch drückte ich nach unten, bis ich wieder auf seinem Bauch saß und sein Teil ganz in mir steckte. »Ich wußt' schon, daß du 'n süßen Arsch hast«, sagte er atemlos. »Aber der ist ja noch viel besser, als ich dachte.«

Das war alles, was ich wissen mußte. Ich hob mich an, um an Giovannis Fickbolzen hinaufzugleiten, bis nur noch die Eichel in mir war, dann sank ich wieder zurück. Seine Hände umfaßten meine Arschbacken, während ich ihn ritt, und nach kurzer Zeit hob er die Hüften, um meinem Arschloch entgegenzukommen. Bald rammelte er erbarmungslos meine Rosette, während ihm meine Eier auf den Bauch klatschten, wenn er sich immer wieder von der Bank abstieß, um dann mit dumpfem Klatschen wieder zurückzufallen.

Ich war noch nie zuvor so hart gefickt worden, hatte es nie so genossen, einen Schwanz im Arsch zu haben. Als er mit einer Hand meinen Schwengel nahm und anfing, mich zu wichsen, wußte ich, daß gleich alles vorbei sein würde. Giovanni fing an, laut zu stöhnen, und so wie sein Schwanz noch härter wurde, wußte ich, daß er an der Schwelle war. »Schieß mir deine Ladung in den Hintern«, sagte ich. »Füll ihn mit deiner heißen Soße ab.«

Sein Blick verschleierte sich. »Gleich spritz' ich in dein' Arsch ab«, keuchte er und packte mich an der Hüfte, um mich tief auf seine Kanone zu ziehen.

Meine Rosette füllte sich mit klebriger Wärme, als er Schwall um Schwall seiner Bullensahne wie Pistolenschüsse tief in meine Eingeweide entlud. Ich kam mit ihm zusammen und sah zu, wie mein Schwengel Ladung auf Ladung seine Brust und den Fußboden überschwemmte. Er pumpte mich dabei weiterhin mit seiner Hand, und bald waren seine Finger dick mit meinem Saft bedeckt.

Nachdem wir beide fertig waren, brach ich auf seiner Brust zusammen. Er war immer noch steif, und ich spürte, wie sein Sperma an den Wänden meines Arschlochs herunterrann, als er den Schwanz aus mir zog und sich aufsetzte. »Die Dinger kann ich jetzt glaub' ich abnehmen.« Er grinste, als er einen kleinen silbernen Schlüssel hochhielt, der die Handschellen öffnete. »Irgendwie glaub' ich, daß du mir so schnell nicht wegläufst.«

»Ach, bitte nicht, Officer Giovanni«, sagte ich scherzhaft und rieb mir die befreiten Handgelenke. »Irgendwie mochte ich sie.«

Er lachte. »Nenn mich einfach Mike«, sagte er und benutzte das, was von meinem Hemd übriggeblieben war, um sich das Sperma vom Bauch zu wischen, und begann, sich anzuziehen. »Eigentlich heiß' ich Michelangelo, aber so nennt mich nur noch meine Mutter.« Er hob sein schweißverklebtes T-Shirt auf und warf es mir zu. »Hier«, sagte er. »Zieh das an. Ich fürchte, dein's ist nicht mehr zu gebrauchen.« Ich preßte das T-Shirt ans Gesicht und inhalierte seinen würzigen Duft, dann zog ich es mir über den Kopf. Da er größer war als ich, fiel es mir lose um den Leib. Alleine vom Wissen, daß er es getragen hatte, wurde ich schon wieder geil.

Mike mußte mein Lächeln bemerkt haben, denn er kam zu mir, legte die Arme um mich und gab mir einen langen, tiefen Kuß, bei dem er die Zunge zwischen meine Lippen steckte. Als er schließlich von mir abließ, nahm er seinen Pistolengürtel auf und schlang ihn sich um die Hüfte. »Zeit, wieder an die Arbeit zu gehen«, sagte er. »Aber wie wär's, wenn ich nach meiner Schicht rüberkomme? Ich hab' das Gefühl, daß wir erst angefangen haben, uns kennenzulernen.«

»Klingt gut.« Ich richtete seine Mütze. »Aber vielleicht solltest du bis zu meiner Haltestelle mitfahren. Man weiß schließlich nie, was für Leute um diese Zeit in der U-Bahn sitzen.«

PUNK

Kurz nach Mitternacht wimmelt der Club von Menschen. Obwohl ein paar Frauen im Raum verstreut sind, sehe ich vor allem junge Männer, als ich die Treppen zum Hauptgeschoß hinaufsteige. Die meisten scheinen kaum das gesetzliche Mindestalter erreicht zu haben, um hier sein zu dürfen, was wahrscheinlich an der Musik liegt, die in der Bar gespielt wird – die wir früher 'Punk' nannten, die jetzt aber unter der weniger bedrohlichen und vageren Bezeichnung 'Alternativ' läuft. Sie stehen für sich oder in kleinen Gruppen, ihre Leiber sind von Tattoos bedeckt, ihre Nasen und Lippen mit Unmengen von Metall gepierct. Sie halten Zigaretten in den Fingern wie Messer und scheinen zu bersten vom Versprechen auf Sex in all seinen mannigfachen Formen. Obwohl sie streng darauf achten, so zu wirken, als interessierten sie sich nicht für andere Körper, spüre ich, daß sie bei der geringsten Erschütterung von Zeit oder Ort nackt dastehen würden, Fremde, die in dunklen Ecken miteinander ficken oder auf den Knien Schwänze lutschen würden, während ihnen ein anderer ins Gesicht wichst.

Die Band, die zu sehen sie gekommen sind, hat schon eine Stunde Verspätung, und die Meute wird unruhig. Sie haben die ganze Nacht getrunken, was ihre Ungeduld nur angestachelt hat. Sie stampfen mit den Füßen und skandieren in einem gespenstischen Chor den Namen der Band, fordern ihren Auftritt, wie eine Schar Kinder, die nach ihren Spielkameraden zum Mtspielen rufen. Ihr Geschrei übertönt die mißtönenden Klänge des Joan-Jett-Bandes, das aus den Lautsprechern dröhnt, dessen kraftvolle Akkorde und das vertraute Grollen von Rufen nach der Band erstickt werden, der es den Weg geebnet hat. Ein paar unsichtbare Hände schmeißen Flaschen nach den Aufbauten auf der Bühne, die den Fußboden mit Glassplittern übersäen.

Ich suche mir eine Stelle im Hintergrund, von wo aus ich einen guten Überblick über alles habe. Die Luft ist geschwängert vom Geruch nach Bier, Rauch und Schweiß, sie schärft meine Sinne. Ich lehne an der Bar und nehme einen großen Schluck. Der Alkohol brennt mir in der Kehle und fließt mir heiß in den Magen. Ich spüre, wie sich die Wärme in meinen Eingeweiden ausbreitet, und entspanne mich.

Nach ein paar weiteren Minuten werden die Lichter dunkel, und unter begeistertem Gebrüll betritt die Band die Bühne. Als sie mit der ersten Nummer beginnt, fängt die Menge an, sich im Takt mit dem donnernden Beat zu bewegen. Das ist härtester Rock 'n Roll, wild und roh, und das Tanzen entspricht ihm. Während die Gitarren heulen und der Sänger seine Worte in ein klirrendes Mikrofon speit, dreschen Arme und Beine in einen wimmelnden Knoten aus Leibern. Köpfe hüpfen auf und ab im Takt zu hämmernden Basslinien. Schnell füllt sich der Raum mit der Hitze sich bewegender Leiber, und der Schweißgeruch wird stärker, vermischt sich mit dem beißenden Gestank der Trockeneismaschinen, die Wolken dünnen Rauchs ausstoßen, welche über den Fußboden wallen und alles in einen watteartigen Nebel hüllen.

Der Bereich vor der Bühne ist der wildeste und gefährlichste. Es ist das Zentrum des Gedränges, in dem sich todesverachtende Konzertbesucher in einer gewalttätigen Feier von überhaupt nichts gegeneinanderwerfen. Das Zentrum des Mahlstroms, voll von jungen Männern, deren Wut ein Ventil im Zusammenstoß der Leiber, ihrer eigenen und denen von anderen, findet. In dieser Arena werden von der Wucht kreisender Hände und dem Tritt schwerer Stiefel häufig Nasen blutig geschlagen oder Körper verletzt, wenn Tänzer zusammenstoßen und weiterwirbeln, um auf andere zu treffen.

Heute ist die Grube voller nahezu nackter Männer, die gegeneinanderkrachen. Wenn sie von einer Rauchwolke verhüllt werden, hüpfen und springen ihre Schatten hinter dem Schleier aus Trockeneis wie Marionetten in einer sadistischen Pantomime. Während ich diejenigen beobachte, die sich in den Wahnsinn hineingewagt haben, erfüllt mich das starke Verlangen, mich ihnen anzuschließen. Normalerweise meide ich das Gedränge, ziehe es vor, abseits zu stehen und der Musik zuzuhören, mich manchmal durch den Rand der Schlacht zu bewegen, aber nie mitten hinein. Aber heute bin ich auf der Suche nach etwas anderem. Ich bin nervös und suche nach Entladung. Ich habe seit Tagen niemanden gefickt oder bin gefickt worden, und mein Verlangen nach der Nähe anderer Männer ist stark.

Besonders ein junger Mann erregt mein Interesse. Sein Oberkörper ist nackt, und er trägt abgeschnittene Shorts, die durch das stundenlange Reiben an seiner Haut in Nächten wie dieser an vielen Stellen fadenscheinig sind. Er ist mehrere Zentimeter kleiner als ich, hat den stämmigen Körperbau einer Bulldogge mit Armen und Beinen, die von dicken Muskelsträngen überzogen sind. Seine Brust ist breit und fest, bedeckt von kurzen, dunklen Haaren, die um seine mit kleinen Stahlringen gepiercten Brustwarzen Wirbel bilden. Wie viele Männer in der Menge hat er einen kahlgeschorenen Kopf, dessen bleiche Haut von einem beginnenden Anflug von Stoppeln schattiert wird. Er trägt einen Kinnbart, und um seinen dicken linken Bizeps windet sich ein Stacheldraht-Tattoo.

Er tanzt wild, und sein Körper kracht von einer Seite nach der anderen, während er in die Musik eintaucht und auf ihr reitet wie ein Laubblatt auf dem Wasser. Seine Fäuste bearbeiten die Leere um ihn her, während er sich im dröhnenden Wummern der Drums verliert, die hämmernd den Song untermauern. Das Lächeln auf seinem Gesicht ist eines völliger Zufriedenheit. Er ist schön, und ich habe schreckliches Verlangen nach ihm. Ohne nachzudenken, dränge ich mich durch die Menge, um ihm näher zu sein, teile grob die Mauer sich windender Leiber und schiebe mich an Tänzern vorbei, bis mich nur noch zwei oder drei andere von ihm trennen. Ich kann deutlich den Schweiß auf seiner Haut sehen, während er sich bewegt und sein Revier durch jähe Stöße mit den Ellbogen behauptet, wenn ihm jemand zu nahe kommt.

Ich gebe mich selbst der Musik hin, bis mein Herz im Takt der hämmernden Basslinien pocht. Mein Kopf schwirrt. Meine Füße bewegen sich von selbst, und bald bin ich einer der vielen namenlosen Raver in der Grube. Während Leiber um mich herum und an mir vorbei schwärmen, behalte ich den Mann neben mir im Auge, und frage mich, wie es wohl wäre, ihn anzufassen, ihn zu ficken. Mein Bolzen beginnt, steif zu werden, als ich mir vorstelle, mit der Zunge über seinen Rücken zu fahren, sie in seiner Achselhöhle oder unter seinen Eiern zu vergraben. Ich reibe mich durch die Jeans, während mein Körper von allen Seiten von anderen Tänzern angestoßen wird.

Während die Musik weitergeht, klettern Leute auf die Bühne und werfen sich in die Menge, um von einem sicheren Netz aus hilfreichen Händen aufgefangen zu werden. Man nennt es 'diving the pit', ein Ritual der Undergroundmusikszene. Es gibt keine Bodyguards, die sie daran hindern könnten; es wird erwartet und ermutigt. Die Wunden, die aus fehlgegangenen Versuchen resultieren, werden stolz getragen, abgebrochene Zähne und vernarbte Gesichter als Symbole des Mutes. Ich beobachte einen großen jungen Mann mit langen Haaren, der hinaufklettert und sich dann mit im Flug wehenden Haaren über das Gedränge wirft, um auf dem Rücken in den ausgestreckten Händen seiner Freunde zu landen. Sie senken ihn auf den Boden ab und warten auf den nächsten Springer.

Ich finde mich vor der Bühne wieder und stemme mich hinauf. Ich bin noch nie zuvor gesprungen, ebensowenig wie ich mich in das Gedränge gewagt habe. Aber ich sehe es als Gelegenheit, in die Welt des Mannes einzutreten, dessen Körper mich reizt, mich ihm zu beweisen. Neben dem heulenden Sänger stehend schaue ich über das Meer schwitzender Männergesichter, die mich alle gespannt anblicken. Ich finde sein Gesicht, blicke ihm in die Augen. Er sieht mich und starrt zurück. »Spring!« formt er mit dem Mund.

Die Umstehenden nehmen den Ruf auf. »Spring! Spring! Spring!« skandieren sie wie Skinhead-Meerjungfrauen, die mich in ihre Tiefen locken wollen.

Ich beuge die Knie und stürze mich ausgestreckt in die

Leere, fliege einen Augenblick lang über den erhobenen Armen, um dann zu fallen. Mein Körper wird von Dutzenden von Händen aufgefangen, von der Berührung fremder Finger auf meiner Haut in der Luft gehalten. Während ich von Mann zu Mann weitergereicht werde, spüre ich, wie Hände meine steife Latte anpacken, mir die Eier kneten. Ich halte nach dem Gesicht dessen Ausschau, den ich begehre; wegen der blitzenden Lichter und der wimmelnden Körper jedoch kann ich keinen vom andern unterscheiden. Als ich endlich zu Boden gelassen werde und wieder stehe, bemerke ich, daß er neben mir ist. Er dreht sich um und grinst. »Netter Sprung!« schreit er über die Musik hinweg.

Ich nicke ihm dankend zu und fange wieder an, zu tanzen. Er weicht nicht von meiner Seite, und ich sehe jede einzelne Linie seines Körpers beim Tanzen. Ich spüre, wie sein Schweiß mein Gesicht trifft, wenn er den Kopf schüttelt, und lecke die salzigen Tropfen von meinen Lippen. Seine behaarte Brust berührt meinen Arm, und als ich erkenne, daß er sich an mich preßt, verspüre ich ein jähes Prickeln in den Eiern. Dann dreht er sich wieder um, so daß ich nur noch seinen Rücken sehe. Ich starre die Muskeln an, die sich unter seiner Haut spannen, und strecke den Arm aus, um ihn zu berühren. Nur um seine Hitze zu empfinden, fahre ich ihm mit der Hand kurz über die Schulter, in der Hoffnung, daß er es in der Raserei der Leiber nicht bemerkt.

Ich bin überrascht, als er näherrückt und sein Körper meinen berührt. Als genug Zeit vergangen ist, um mir klarzuwerden, daß es nicht nur ein Zufall oder die Wucht der anderen Leiber ist, die ihn gegen mich preßt, lege ich die Hand an seine Hüfte und lasse sie dort, um zu sehen, was er tun wird. Er lehnt sich zurück, bis seine Schultern an meiner Brust liegen und mein sich versteifender Schwengel in seinen Arsch gepreßt wird. Er stampft weiterhin zur Musik, und die Bewegungen seiner Haut an meiner elektrisieren mich. Wir haben uns aus dem Zentrum des Gedränges begeben und befinden uns auf einer weniger wilden, aber volleren Fläche. In der großen Masse und den Wolken chemischen Dampfs bemerkt niemand, daß ich ihn festhalte.

Meine Hände gehen auf seine Vorderseite und betasten die Haare und die festen Wellen auf seinem Bauch. Eine Hand wandert zu seiner Brust, um über das weiche Haar zu streichen und mit einem kalten Brustwarzenring zu spielen. Die andere schlüpft unter den Bund seiner Shorts, wo ich feststelle, daß sein Schwanz starr an seinem Bauch liegt. Er ist erstaunlich dick, und die projektilförmige Eichel füllt mühelos meine Handfläche aus. Seine Körperbewegungen lassen den Schaft an meiner Hand entlanggleiten. Ich wichse ihn, so kräftig es mir im Innern seiner Hose möglich ist.

Inmitten von Dutzenden ahnungsloser Zeugen hole ich ihm einen runter, während die Band Song um Song heraushämmert. Verschiedene Tänzer stoßen gegen uns, aber niemand bemerkt, was los ist. Sein Schwanz wird steifer, während ich mit ihm spiele. Meine Finger gleiten über die glatten Seiten und pumpen ihn bis an die Schwelle. Als er kommt, füllt er meine Hand in mehreren Schwällen mit einer schweren, nassen Ladung. Ich ziehe die Hand zurück und führe sie zu meinen Lippen, um sein Sperma von den Fingern zu lecken. Es ist noch warm. Köstlich klebt es mir auf der Zunge und im Rachen, als ich es schlucke. Ich fahre mit den Fingern über sein Gesicht und stecke ihm einen in den Mund, damit er sich selbst von meiner Hand schlecken kann. Sein Bart ist rauh in meiner Handfläche, seine Lippen süß und naß. Ich will mehr.

»Komm mit«, flüstere ich ihm ins Ohr.

Er folgt mir durch die Menge zu einer Tür, die in die Tiefen des Clubs führt. Da uns niemand aufhält, gehen wir hindurch. Wir durchqueren einen kurzen Flur, und ich stoße die erste Tür auf, an der wir vorbeikommen. Ich ziehe an einer Schnur, die neben der Tür herabhängt, worauf eine einzelne Glühbirne ihr schwaches Licht verströmt. Wir befinden uns in einer Art Lagerraum. Kisten mit leeren Bierflaschen sind an der Wand aufgereiht. Der Raum ist voll mit Holzkisten. Ich schubse ihn hinein und schließe die Tür hinter mir, wobei ich darauf achte, daß sie ins Schloß fällt. Durch die Wände hindurch dringt von der Musik nur noch ein dumpfes Dröhnen, wie von einem Herzen, das das Blut durch die Adern eines riesigen Tieres preßt. Ich drehe mich um, um ihn anzusehen.

»Wie heißt du?« frage ich ihn und ziehe ihm meinen Finger vom Unterleib bis zum Hals. Ich muß es nicht wissen, aber ich bin neugierig.

»Jesse.« Seine Stimme klingt leise und kehlig und ist kaum zu verstehen.

»Wie alt bist du?«

Er schaut weg. »Dreiundzwanzig.«

Ich weiß, daß er lügt, tue aber, als glaubte ich ihm. Wahrscheinlich hat er zwei oder drei Jahre auf sein Alter geschlagen. Es spielt keine Rolle. Außerhalb der Menge wirkt er noch attraktiver, als es mir zuerst geschienen hatte. Jetzt sehe ich, daß seine Augen blau sind, seine Lippen voll und weich. Ich schaue auf die Beule in seiner Hose und denke daran, wie er sich in meiner Hand angefühlt hat, wie sein Leib zuckte, als er kam. Der Gedanke daran, ihn abgewichst zu haben, macht mich gierig auf ihn. Ich kann es nicht erwarten, anzufangen.

»Ich fick' dich jetzt«, eröffne ich ihm. »Zeig mir deinen Arsch.«

Er läßt die Shorts fallen und zieht sie aus, wobei er es schafft, sie über die schweren Kampfstiefel zu zerren. An den Eier und zwischen den Beinen ist er rasiert, und sein Schwanz, schon wieder steif, wirkt gegen die nackte Haut noch größer. In hohem Bogen steht er ihm vom Leib ab, und die fette Spitze neigt sich auf seinen Sack, auf dessen bleicher Haut noch immer Streifen von Resten getrockneten Spermas kleben. Rasch schlüpfe ich aus meinem T-Shirt und ziehe die Hose über meine Stiefel. Während ich sie ordentlich falte und auf eine Kiste lege, hat er Gelegenheit, mich anzuschauen, bevor ich auf ihn zugehe. Sein Blick wandert über meinen muskulösen Körper bis zu meinem steifen Bolzen, und ich erkenne, daß er mehr als willig ist, zu empfangen, was ich zu bieten habe. Das ist es, worauf ich gewartet habe, was ich brauche. Mein Leib zittert vor Erwartung, wenn ich daran denke, was gleich geschehen wird.

Ich gehe um ihn herum und nehme seinen Arsch in Augenschein. Er ist atemberaubend vollkommen. Seine runden Kugeln sind glatt und sauber, seine Beine behaart. Die nackten Monde aus Fleisch sehen aus, als seinen sie nie angerührt worden. Ich klatsche ihm auf eine Backe und spüre die Festigkeit von Haut und Muskel unter meiner Hand. Fest packe ich eine der Kugeln, auf der, als ich loslasse, ein Abdruck meiner Hand auf der roten Haut zurückbleibt, der nach wenigen Sekunden zu rosa verblaßt. Den Genuß, ihn zu ficken, hebe ich mir für später auf, zuerst kommt etwas anderes. Ich gehe wieder um ihn herum und stehe vor ihm.

»Auf die Knie!« befehle ich, und er sinkt vor mir zu Boden. Seine Beine sind gespreizt, und die Hände liegen auf den Schenkeln, während er abwartet. Ich lasse ihn eine Weile den Schwanz in der Faust betrachten, während ich die vollen dreiundzwanzig Zentimeter wichse. Ich sehe, wie sein Blick sich verändert, als er auf den dicken Schaft starrt und ihm zu Bewußtsein kommt, daß er ihn in seinen Hintern kriegen wird. Er leckt sich die Lippen bei der Vorstellung, wie er sein Loch dehnen und in seine Rosette gleiten wird. Mit meinem Schwengel, den ich locker in der Hand halte, verpasse ich ihm ein paar Ohrfeigen. Ich mag das Gefühl, wenn meine Latte die schweren Wangenknochen trifft, wenn sein Bart an der empfindlichen Haut scheuert. Er öffnet den Mund und ich lasse ihn nur die Spitze meines dicken Geräts ablecken. Als er anfängt, die Lippen darum zu schließen, ziehe ich es zurück.

Ich setze die Spitze über seinem Gesicht an und lasse einen dicken Strom von Pisse laufen, der ihm über Nase und Mund plätschert. Es kommt unerwartet, aber er macht keinen Versuch, auszuweichen. Als ihm das bittere Wasser über die Lippen fließt, öffnet er sie und trinkt es, wobei sein Kehlkopf sich bewegt, als er schluckt, was er bekommen kann. Der Anblick der Pisse, die über sein schönes Gesicht rauscht und an seiner Brust herabbrinnt, gefällt mir, und ich richte meinen noch immer noch fließenden Schwengel nach unten, so daß der fahlgelbe Strom seinen Oberkörper wäscht und Schwanz und Eier mit meinem Saft überschwemmt. Vom Boden, wo er um seine Knie herum eine Pfütze bildet, steigt sein Geruch auf.

»Da ist was auf meinem Stiefel«, sagte ich zu ihm. »Leck's ab.«

Er beugt sich nach vorn und fährt mit der Zunge gehor-

sam über die Pißflecken auf meinem Stiefel. Seine Arschbacken teilen sich, als er die Beine weiter spreizt und sich,
auf die Hände gestützt, unter mir niederbeugt. Seine Eichel
streift durch die Pfütze aus Urin, als sein Gesicht sich über
meinen Fuß bewegt und er jeden Tropfen vom Leder
wäscht. Als er fertig ist, geht er zu meinem Bein über und
leckt glitzernde Tröpfchen Pisse aus den Haaren auf meinen Schenkeln bis hinauf zwischen die Beine.

Als er meinen Schwanz erreicht hat, schaut er erwartungsvoll zu mir auf. Mein Ständer hüpft nur wenige Zentimeter vor seinen wartenden Lippen auf und ab. Ich wichse ihn, bis ein Lusttropfen auf der Spitze schimmert. Das
Tröpfchen bleibt eine ganze Weile hängen, um dann in einem dünne Faden in seinen Mund zu fallen, wo er ihn auf-
schleckt wie den süßesten Honig. Voller Lust auf ihn setze
ich meinen Bolzen an seinem Mund an, und er nimmt ihn
gierig auf. Schnell zwänge ich ihm ihn in voller Länge in
die Kehle, lege ihm die Hand in den Nacken und stoße ihn
weiter darauf zu. Zu meiner Überraschung nimmt er ihn
ohne allzu große Mühe. Im Nu klatschen ihm meine Eier
ans Kinn, während meine Eichel sich tief in seine Kehle
bohrt.

Einige Minuten lang lasse ich ihn im eigenen Rhythmus
blasen und genieße, wie seine Lippen über meinen Schaft
gleiten und gierig an der geblähten Spitze ziehen. Er weiß,
was er tut, und bringt mich mehrmals bis an die Schwelle.
Seine Hände zerren unterdessen roh an meinem Eiern und
ziehen sie lang, bis sie schmerzen. Es gefällt mir, daß er einen Augenblick lang die Kontrolle besitzt, und genieße es,
ihn mich melken zu sehen, bis ich von Spucke und den
Lusttropfen, die unaufhörlich aus meinem Schwengel
fließen, ganz glitschig bin.

Als ich spüre, daß sich erneut ein Orgasmus ankündigt, übernehme ich die Führung und ficke ihn härter ins Gesicht. Ich halte ihn fest und ramme ihm immer wieder den Schwanz in sein geiles Maul, und bei jedem Stoß wird ihm das Gesicht so fest gegen meinen Bauch gepreßt, daß ich mich frage, wie er Luft holen kann. Meine Eier fangen an zu klopfen, als meine aufgestaute Ladung sich ihren Weg durch mein Inneres bahnt. Ich ziehe ihm den Schwanz aus dem Mund und spritze ihn voll. Fette Batzen von Sperma sprenkeln sein hübsches Gesicht, bedecken Augen und Nase mit wiederholten Schwällen. Lange Streifen durchziehen seinen Bart. Er macht den Mund auf, und ich entlade einen weiteren Schuß auf seine herausgestreckte Zunge, von der es ihm über die Lippen quillt.

Als ich fertig bin, ist er in meinem Saft gebadet. Er hängt ihm im Gesicht und auf den Brust und verklebt ihm Mund und Hände, dort wo er versucht hat, ihn abzuwischen. Er spielt mit seinem fetten Bolzen, der ihm steinhart zwischen den Beinen steht. Ich stecke ihm wieder meinen schleimigen Schwanz in den Mund, und er saugt ihn, bis ich wieder steif bin. Dann ziehe ich ihn heraus und befehle ihm, aufzustehen. Ich stoße ihn rücklings auf eine staubige Kiste. Er zieht die Beine an. Seine Arschbacken sind weit gespreizt, und ich kann das Zentrum seiner kahlrasierten Rosette sehen. Die Haut ist rosig und weich, dunkler und rosiger je näher sie dem Loch kommt. Wenn er atmet, öffnet und schließt sich bebend der kleine Schlitz.

Ich gehe in die Knie, so daß mein Gesicht genau in Höhe seines Lochs ist. Während er mit den Händen seine Beine festhält, beuge ich mich nach vorn, um mit der Zunge leicht über die klaren Linien seiner Backen hinauf bis zu den Eiern zu fahren. Unter der Zunge fühle ich die Stoppeln erst kürzlich rasierter Haut, während ich den Grat von seinem Arschloch bis zum Sack ablecke und eines seiner fetten Eier in den Mund nehme. Sein Körper verkrampft sich, als ich kräftig daran lutsche und meine Zunge zuerst die eine, dann die andere empfindsame Kugel gegen den Gaumen drückt.

Ich gehe wieder tiefer, um ihm mit langen Zügen das Arschloch auszulecken, wobei ich mit der Spitze die Rosette kitzle, bis er stöhnt. Ich weiß, daß das eine Marter für ihn ist, und nehme mir Zeit. Als sein Fickloch schön feucht ist, dringe ich ein und presse die Lippen fest gegen seine Haut, während ich mich tief in seinen Hintern bohre. Seine Schenkel schließen sich um mein Gesicht, als ich tiefer stoße und ihn immer weiter dehne. Je heftiger ich ihm den Arsch mit der Zunge ficke, desto mehr stöhnt er, bis er mich anwimmert, ihm den Schwanz hineinzustecken.

Statt dessen stehe ich auf und bohre ihm zwei Finger ins Loch. Er windet sich, als ich sie spreize und es locker mache. Während ich die Hand immer tiefer zustoße, bearbeite ich mit der Faust seinen Schwengel. Sein Gesicht ist vor Qual und Ekstase verzerrt. Als ich schließlich vier Finger in ihm vergraben habe, ist er nahe daran, in Tränen auszubrechen. Während ich ihn durchpflüge, versetze ich ihm kräftige Schläge auf den Arsch, deren Klatschen sich mit dem schweren Stöhnen mischt, das er sich windend ausstößt.

»Gleich spritz' ich den ganzen beschissenen Laden hier voll«, sagt er.

Ich stoße ihn zurück und ramme ihm mein Gerät direkt ins Arschloch, bis ich voll gegen ihn klatsche. Meine Eier pressen sich eng an seine Backen. Um den Schmerz zu ertragen, wirft er den Kopf zurück. Sein Schwanz steht starr von seinem Bauch ab. Ich packe seinen Prügel fest an der Wurzel, um ihn am Abspritzen zu hindern und spüre ihn unter den Fingern anschwellen, als er beinahe kommt. Ich zwänge ihm meinen Bolzen hinein und sehe, wie er mit leicht geöffneten Lippen nach Luft schnappt. Sein Schließmuskel verengt sich um meinen Schaft, während Krämpfe seinen Körper schütteln.

Ich fange an, ihn zu pumpen, fahre mit langen Stößen in seinem Loch aus und ein. Kurz darauf rammele ich immer wieder mit wütenden Hüftstößen in ihn hinein, um unser beider Verlangen zu befriedigen. Mit einer Hand zerrt er an seinem dicken Schwengel, wobei das Tattoo um seinen Arm bei jeder Bewegung zuckt, während er mit der anderen an einem der Brustwarzenringe zieht. Ich kann den scharfen Duft seiner Stiefel riechen, die an meinen Schultern scheuern, und drehe den Kopf, um das weiche Leder abzulecken. Die Metallringe an den Ösen zerkratzen mir die Zunge, mit der ich, ihn fest an den Waden packend, der Länge nach über den Stiefel fahre.

Als ich das Tempo steigere, hört er auf, an seinen Titten zu spielen, und fängt an, sich die Eier zu reiben und zu kneten, während er seinen Schwanz wichst. Ich spüre seinen Griff am Schaft, der ihm im Arsch ein- und ausfährt. Es ist zu viel. Ich reiße meinen Bolzen heraus, ziehe ihn auf die Füße und drehe ihn um. Ich stoße ihn an, so daß er an der Wand lehnt und schiebe ihm den Prügel wieder in den Arsch. Da er kleiner ist als ich, muß er sich auf die Zehenspitzen stellen, um mich ganz aufzunehmen, wenn ich ihm mein Gerät tief hineinramme.

Ich schlinge die Arme um ihn und zwirble ihm brutal die Titten, zerre an den Metallringen und ziehe ihm die zuckenden Brustwarzen lang. Mein Mund geht zu seinem Hals und leckt die Ader auf seiner Kehle ab, bis zu dem empfindsamen Punkt unter dem Ohr, um ihn dann zu beißen, während ich ihn von hinten ficke. Mein Bauch reibt an seinen Arschbacken, als ich ihn erbarmungslos nagle. Bei jedem Stoß meines Körpers spüre ich seinen Ständer hüpfen.

Ich umklammere seinen Schwanz und wichse ihn. Schon nach ein paar Dutzend Stößen fängt er an, nach Luft zu schnappen. Aus seiner tiefroten Eichel explodiert das Sperma und bedeckt die Wand mit perlfarbener Schmiere. Der Anblick schafft mich, und ich versetze ihm noch einen gemeinen Stoß in den Arsch, bevor ich die Eier entlade. Ich falle gegen ihn und drücke ihn gegen die Wand, während die Soße aus mir strömt und ihm die Eingeweide füllt. Ich fühle vollkommenes Leben in mir, als flöge ich wieder über die Menge. Ich bleibe so stehen, bis der Strom verebbt, meinen Leib an seinen gepreßt, mein Herz gegen seine Haut hämmernd.

Ich ziehe den Schwanz aus ihm und wische ihn an seiner Hüfte ab, wobei ich einen feuchten Streifen auf seiner Haut hinterlasse. Sein Brusthaar ist von seinem eigenen Sperma durchweicht worden, als ich ihn gegen die Wand geschleudert habe, und sein Arsch ist von meinen Stößen rot. Er riecht wunderbar nach Pisse und Schweiß und Sex. Ich ziehe ihn an mich und küsse ihn zum erstenmal auf den Mund, um mein Sperma und meinen Urin auf seiner Zunge zu schmecken. Seine Haut unter meinen Händen ist klebrig, als er die Arme um mich schlingt. Ich lecke ihm das Gesicht sauber, während ich ihn festhalte und mit den Fingern in seinem verwüsteten Loch stochere. Durch die Wände dringt die Musik. Als ich spüre, wie sein Schwanz sich zwischen uns aufrichtet, weiß ich, daß ich bald wieder in die Grube springen werde.

HEILIGABEND

Ich arbeitete seit fast acht Monaten, seitdem ich aus dem Marine Corps ausgeschieden war, als Wachmann in der James Madison Mall. Genauer gesagt, seitdem man mir nahegelegt hatte, den Dienst zu quittieren, nachdem ich unter der Dusche mit dem Schwanz eines Sergeanten im Arsch und einer dicken Ladung, die mir aus dem Ständer quoll, erwischt worden war. Da sein Daddy ein hohes Tier in Washington war, kam er ohne Ärger aus der Geschichte heraus und hatte es sogar hingekriegt, daß ich nicht unehrenhaft entlassen wurde. »Vorzeitiger Ruhestand« wurde es genannt, nur daß ich keine Abschiedsparty oder eine dicke goldene Uhr bekam. Dennoch war es den ganzen Ärger wert gewesen, den fetten Fünfundzwanzig-Zentimeter-Bolzen im Arschloch zu haben, auch wenn es nur ein einziges Mal war. Ich war praktisch noch am Abspritzen gewesen, als die MPs mir die Handschellen anlegten, und mein Hintern tat noch weh von den Stößen, die er abgekriegt hatte.

Ich hatte etwas Geld gespart, so daß ich den Job bei James Madison nur annahm, um etwas zu tun zu haben. Gewöhnlich war die Patrouille durch die Mall ein Spaziergang. Tagsüber wurde sie vor allem von älteren Paaren besucht, die nichts besseres zu tun hatten, als ein paar

Stunden lang herumzutapern und sich Kerzen in Katzenform anzuschaffen und ihre Enkel zu Sears zu schleppen, um sich fotografieren zu lassen. Von Zeit zu Zeit wurde eine Schar halbwüchsiger Mädchen, die sich darin übten, Weltklasseshopperinnen zu werden, beim Klamottenklauen bei The Gap erwischt, und ich mußte ihnen ein bißchen Angst einjagen. Aber gewöhnlich lief alles glatt, und ich verbrachte die meiste Zeit damit, herumzuschlendern und Kerle anzumachen, die von ihren Freundinnen oder Frauen mitgeschleppt wurden, um Seidenhöschen oder neue Toaster zu besichtigen.

Die Ferienzeit war allerdings ganz etwas anderes. Ab dem Tag nach Halloween war jeder Laden vollgestopft mit Weihnachtsauslagen, Sonderangeboten und allem was die Kundschaft dazu verleiten konnte, hereinzukommen und mit Geld um sich zu schmeißen. Alles war in endlose Meter von rot-grünem Kreppapier gepackt, als habe irgendeine schwachköpfige Geschenkeeinwicklerin vom Kundendienst bei Macy's als ihren Beitrag zur großen himmlischen Wundertüte die gesamte Mall eingepackt.

Acht Wochen lang saß ich in der Weihnachtshölle gefangen. Vom Moment an, da ich morgens die Türen aufsperrte, bis zu dem, da bei Geschäftsschluß um zehn der letzte Kunde verscheucht war, wimmelte alles bis in die hinterste Ecke von Leuten mit Tüten und Kartons, schreienden und plärrenden Kindern und dem Lärm der Angestellten, die mit aufgemaltem Lächeln jedermann mit Parfümproben bespritzten und spontane Sonderangebote von unverzichtbaren Dingen wie Käseröllchen, Vier-in-einem-Werkzeuge und Steingutzwerge, die man auch als Klobürstenhalter verwenden konnte, anpriesen.

Den Mittelpunkt dieses Ferienwahnsinn-Strudels bildete

der Innenhof der Mall, ein großer, freier Platz, umgeben von Freßständen, der für Sonderveranstaltungen wie Autoausstellungen, Kochvorführungen und andere ausgesuchte Galavorstellungen genutzt wurde. Über viele Jahre hinweg hatten religiöse Gruppen eine traditionelle Krippenszene dort aufgebaut, mit Maria und Josef und der ganzen Blase, bis hinunter zu Lämmern aus Baumwollkugeln und Schäfern, die in den alten Bademänteln von irgend jemandem steckten. Dann, vor ein paar Jahren, hatte es eine große Auseinandersetzung zwischen den Kirchenleuten und jenen gegeben, die sagten, Religion hätte an einem öffentlichen Ort nichts zu suchen. Die Sache kam zum Eklat, als es jemandem gelang, sich das Jesuskind zu schnappen, und jeder, der nahe genug war, sehen konnte, daß Maria engelsgleich auf einen Räucherschinken herablächelte, der dort, wo die Augen hätten sein sollen, mit Ananasringen geschmückt war.

Danach hatten die Kirchenleute ganz aufgegeben, und der Hof verwandelte sich alljährlich für acht Wochen in jenes verrückte Weihnachtsland, wo Kinder sich mit dem Nikolaus fotografieren lassen konnten. Tonnen von Christbaumschnee wurden verstreut, aus dem wie irreale weißrote Bäume riesige Zuckerstangen aus Plastik sprossen, und alles wurde mit blitzenden farbigen Lichtern zugehängt. Den Mittelpunkt von allem bildeten zwei putzige, auf Lebkuchen getrimmte Häuschen, die das Haus und die Werkstatt von St. Nikolaus darstellen sollten.

Um den magischen Geist der Feiertagsfreude zu vervollständigen, gab es noch mechanische Rentiere und einen Chor singender Elfen, der mit einem Band mit verschiedenen Weihnachtsliedern ausgerüstet war. Normalerweise waren die Elfen recht harmlos und spulten ihr endlos wiederkehrendes Repertoire aus 'We Wish You a Merry Christmas', 'Jingle Bells' und so weiter ab, während sich ihre Robotermünder und -augen völlig willkürlich öffneten und schlossen, wie in einem schlecht synchronisierten japanischen Monsterstreifen. Aus irgendeinem unerfindlichen Grund jedoch befand sich auf dem Band auch der 'Halleluja-Chor', und etwa einmal pro Stunde stimmten die Elfen in eine schrille Wiedergabe des Händelklassikers ein, was sich anhörte, als kämpfe eine Horde besoffener Fummeltrinen, die bei einem *Messias*-Sängerwettstreit auftritt, um die Sopranpartie. Aber den Leuten gefiel es, und es brachte haufenweise Geld ein, also wurde es Jahr für Jahr aufgestellt.

Jeden Tag ab Mittag war der Hof gerammelt voll mit Kindern, die Schlange standen, um den Nikolaus zu sehen. Zwei Stunden oder länger standen sie an und warteten auf die Gelegenheit, sich auf den Schoß irgendeines fremden, fettbäuchigen Kerls zu setzen und ihm zu erzählen, was sie sich zu Weihnachten wünschten. Wenn sie dann endlich an die Reihe kamen, waren sie so aufgeregt, daß die meisten ihren Namen nicht mehr wußten, ganz zu schweigen von dem, was sie sich wünschten. Einige fingen vor Aufregung einfach an, zu kotzen. Wenn sie es bis dahin geschafft hatten, wurden sie mit ein paar herzhaften Lachsalven und dem Versprechen belohnt, er würde ihnen genau das bringen, was sie wollten – was, wenn am nächsten Morgen das ersehnte Geschenk nicht auftauchte, unvermeidlich zu Tränenfluten führte. Wenn die Zeit um war, zerrte sie eine grinsende Elfe (gewöhnlich eine Studentin von der Universität, die so sehr auf das Geld angewiesen war, daß sie bereit war, Schnabelschuhe und Gummiohren zu tragen) herunter und schickte sie mit einer Zuckerstange und einem Foto, das sie sich an den Kühlschrank hängen konnten, davon.

Das ganze Nikolauszeug war mir zuwider, und ich war bedacht, der Szenerie so fern wie möglich zu bleiben. Es war schon schwer genug, sich gegen die Legionen von Weibern mit Riesenfrisuren, die in ihren Pumps und in Wolken aus eklig-süßlichem Parfüm wie Irre durch die Hallen klackerten, durchzusetzen, auch ohne sich mit den unglücklichen Eltern abzugeben, deren Kinder gleich aus dem Weihnachtsrummel gestürzt kommen und wissen wollen würden, warum die Elfen die Schlange nicht ein klein bißchen beschleunigen konnten. Soweit es mich betraf, war Nikolaus mit all meinem Segen auf sich gestellt, und je schneller Weihnachten vorbei war, desto besser. Ich biß die Zähne zusammen und zählte die Tage, bis das Leben wieder in normalen Bahnen verlaufen würde.

Endlich war Heilig Abend. An diesem Abend kehrte die Mall dem flehenden Antlitz des Gewerbefleißes den Rücken und war nur bis sieben geöffnet. Wenige Minuten vor Schluß streiften immer noch Leute herum, um sich alles zu schnappen, was in den Regalen übriggelassen worden war. Selbst noch als die Verkäufer ihre Gitter herunterzogen, um sich auf den Heimweg zu machen, gab es Leute, die versuchten hineinzueilen, um etwas zu besorgen, das sie vergessen hatten. Ich drängte die letzte Kundin, eine aufgelöste Person, die quiekte, daß sie »nur noch ein Geschenk für ihre Schwägerin brauche, was würden denn sonst die Leute auf der Party sagen?«, durch die Tür hinaus in den Schnee. Ich drehte den Schlüssel und beglückwünschte mich, daß Weihnachten endlich vorüber war. Jetzt, da alle weg und die Lichter aus waren, war es in der Mall gespenstisch still und ruhig. Ich mußte nur noch meine letzte Runde durch den ganzen Laden drehen, um mich zu vergewissern, daß niemand mehr drinnen war. Wenn ich damit fertig war, konnte ich nach Hause gehen und mich zu meinem wohlverdienten Winterschlaf niederlegen.

Nachdem ich alle Läden überprüft hatte, wollte ich noch rasch einen Blick in den Innenhof werfen. Endlich einmal hielten die Elfen den Mund, und im Mondlicht, das durch das breite Oberlicht fiel, das den größten Teil des Dachs einnahm, warfen die mechanischen Rentiere lange Schatten über den Fußboden. Zufrieden, daß alles in Ordnung war, wollte ich gerade gehen, als ich hörte, daß sich in einem der Holzhäuser etwas bewegte. Leise schlich ich mich entlang der Wand des näherstehenden Lebkuchenhauses bis zur Tür. Ich warf mich hinein und leuchtete mit der Taschenlampe umher. Eine Gestalt fuhr in dem Raum herum. Mir gegenüber stand der Nikolaus.

»Verdammte Scheiße!« sagte er aufgeregt. »Haben Sie mich erschreckt.«

Ich stand in der Tür und wußte nicht, was ich sagen sollte. Ich hatte einen Dieb erwartet, nicht einen Kerl in Nikolausmontur. »Was machen Sie da?«

»Ich pack' meinen Schlitten«, sagte er ernsthaft.

Ich ging auf ihn zu, stellte mich vor ihn hin und musterte ihn von unten bis oben, von den glänzenden schwarzen Stiefeln bis zur Mütze. »Sind Sie nicht der Kerl, der den ganzen Tag da rumsitzt und den Kindern was erzählt?«

»Genau der«, sagte er. Dann legte er mir zu meiner großen Verblüffung die schwarz behandschuhte Hand zwischen die Beine und drückte zu. »Und was wünschst du dir zu Weihnachten, mein Kleiner?«

Ich konnte es kaum glauben; ich wurde von Sankt Nikolaus betatscht. Ich war noch immer nicht davon überzeugt, daß der Kerl kein Dieb war, aber seine Hand bewegte sich an meinem Schwanz auf und ab, der zu meiner Verlegenheit schnell größer wurde. Mir blieb nur, auf die glänzenden Knöpfe an seinem roten Anzug zu starren, während er meinen Ständer wichste.

»Da hat ja jemand ein großes Spielzeug«, sagte Nikolaus kichernd.

Er fiel auf die Knie, zog meinen Reißverschluß herunter und griff hinein, um meinen Schwengel herauszuziehen. Dann beugte er sich vor und senkte seinen rosigen Mund über meine dicken vierundzwanzig Zentimeter. Mein Teil versankt mühelos zwischen seinen Lippen, als er mit der Zunge die Spitze kitzelte und über den weichen Schlitz und den Rand der fetten Eichel züngelte. Als er mich lutschte, vergaß ich völlig, daß er immer noch als Nikolaus gekleidet war, legte ihm die Hand auf den Kopf und wühlte meine Finger in die weißen Locken, die unter der roten Filzmütze hervorlugten.

Nachdem er eine Weile die vorderen Zentimeter meines Schwanzes bearbeitet hatte, stopfte er sich urplötzlich meinen Schwengel der Länge nach in die Kehle, bis seine Nase tief in meinem Busch vergraben war. Sein Kopf stieß weiter nach vorn, und in meiner Hand blieb ein Büschel Haare zurück, während die Zipfelmütze herunterbaumelte. Er schaute zwischen meinen Füßen nach oben und ich sah, daß sein Kopf mit kurzem schwarzem Haar bewachsen war.

»Jetzt hast du mein Geheimnis entdeckt«, sagte er. »Versprich mir, daß du den anderen Kindern die Überraschung nicht verdirbst.«

Ich lachte. »Nicht, wenn du weitermachst wie eben.«

Er nickte. »Gebongt.«

Damit fuhr er fort, meinen Schwanz zu lutschen und mit den Lippen langsam und feinfühlig an meinem Schaft auf- und abzugleiten. Er hatte immer noch den weißen Bart von seinem Kostüm um, dessen weiche weiße Haare mich am Schwanz kitzelten, als er mich blies, und an der Haut klebenblieben, wo er sie mit den Lippen berührt hatte. Ich vögelte ihn langsam ins Gesicht, indem ich meine Latte mehrere Zentimeter weit herauszog und ihm dann wieder in den Mund schob. Er war ein Experte im Schwanzlutschen. Es dauerte nicht lange, bis ich ein Kribbeln zwischen den Beinen verspürte.

Er mußte es auch gespürt haben, denn er wurde schneller, und seine Lippen zogen an meiner Eichel. Seine Hände erhoben sich zu meinem Schwanz und fingen an, ihn zu wichsen, wobei er sich darauf konzentrierte, nur die Spitze zu lecken, während sich das Leder seines Handschuhs um meinen Bolzen schlang und ihn fest umklammert hielt. Die Ladung in meinen Eiern entlud sich in einem einzigen Schwall, der aus meinem Schwanz schoß und ihm in den Mund klatschte. Seine Wangen füllten sich mit meinem Sperma, als ich immer mehr davon in seine Kehle entleerte. Er mußte mehrfach schlucken, um alles hinunterzubekommen. Selbst dann noch sickerte es ihm von den Lippen und rann ihm in klebrigen Klumpen durch den Bart und vorne auf die rote Jacke.

Er leckte sich die Lippen und lächelte.

»Das war viel, viel besser als das Glas Milch, das sie dem guten, alten Nikolaus sonst immer hinstellen«, sagte er.

Ich griff nach unten und zog ihn auf die Füße. »Na, das ist ja erst der Anfang. Du hast ja noch nicht einmal von den Plätzchen probiert.«

Ich zerrte ihm den Bart herunter, worauf ein hübsches

Gesicht mit dunklem Stoppelkinn zum Vorschein kam.
Meine Hände fuhren über die weiche, rote Jacke bis zu dem
Plastikgürtel über seiner Hüfte. Ich nahm ihn ab, knöpfte
die Jacke auf und zog sie ihm über die Schultern. Der Anzug war mit einer dicken Schicht aus Polstern ausgestopft.
Nun, da die weg war, sah ich, daß sein Körper darunter
schlank und fest war. Die Hügel seiner Brust waren dicht
mit Haar bedeckt, das zu einem kurzen Teppich geschnitten war, der über die Bauchmuskeln verlief, und seine
Schultern waren breit und kräftig.

»Für einen Mann von Hunderten von Jahren hast du einen tollen Körper«, sagte ich.

Er fing an, mir die Uniform auszuziehen und das Hemd
aufzuknöpfen. »Das kommt davon, weil ich immer die Ge-
schenke stemmen muß«, sagte er, wobei er mir kräftig in
die linke Brustwarze kniff und mit der Zunge über den Hals
leckte, bevor er sie mir in den Mund steckte. Ich küßte ihn
zurück, wobei ich mein Sperma auf seinen Lippen
schmeckte und tief in seinen Mund vorstieß. Ich spürte, daß
sein Schwanz sich an mich preßte, während ich ihn, die
Hände auf seinem breiten Rücken, festhielt.

Wir fummelten gegenseitig an unseren Hosen herum,
wild auf die Leckereien darin, wie gierige Kinder, die die
Hände in die Weihnachtsstrümpfe stecken. Ohne unsere
Münder voneinander zu lösen, öffneten wir Knöpfe und
Reißverschlüsse, bis die Hosen zu Boden fielen, gefolgt
von hastig abgestreifter Unterwäsche. Sobald sie weg und
wir nackt waren, wanderten unsere Hände über Beine und
Ärsche. Sein Hintern war glatt und rund, fest und muskulös
unter meinen Händen, die ich ihm auf die Backen legte,
während ich meinen Schwanz gegen seinen preßte. Sein
Schwengel war eine der süßesten Zuckerstangen, die ich je

gesehen hatte. Gute achtundzwanzig Zentimeter lang reckte sich der mächtige Schaft über zwei wundervoll behaarte Pralinen, die ihm wie Baumschmuck zwischen den Schenkeln hingen. Sein gerader, glatter Schaft endete in einer runden Zuckererbse von Eichel, die geradezu darum flehte, geblasen zu werden. Ich hielt ihn in der Hand und spürte das Pochen der Ader, die an ihm entlanglief, und dachte daran, ihn zuckend in der Kehle zu spüren. Bevor ich mich jedoch darüber hermachen konnte, wich er zurück.

Er knipste einen Schalter hinter der Tür des Lebkuchenhauses an, worauf der Innenhof von Tausenden von kleinen Lichtern erstrahlte. Kurz darauf fingen sie an, zu blinken, als seien alle Sterne am Himmel durch blaue, grüne und rote Lämpchen ersetzt worden. Unter Wolken aus Baumwollschnee heraus glitzerten sie wie Juwelen, erschienen und verschwanden, als zwinkerten sie uns aus strahlenden Augen zu. Gleichzeitig setzte mitten in 'Winter Wonderland' der Elfenchor ein, dessen Stimmen sonderbar durch die leere Mall hallten.

Ich schaute mich nach meinem geheimnisvollen Besucher um und sah ihn nackt in einer großen flauschigen Schneewehe liegen, lang ausgestreckt, als liege er im eigenen Bett. Sein Schwanz reckte sich über seinen Bauch, und er wichste sich langsam, wobei er mich anschaute. Ich ging zu ihm, ließ mich in den Schnee sinken und spürte die Baumwolle weich auf meiner Haut. Ich setzte mich quer über seine Brust und bohrte ihm den Arsch ins Gesicht. Meine Eier preßten sich gegen seinen gierigen Mund, und er fing an, eifrig an ihnen zu lutschen.

Mein Kopf hing über seinem riesigen Schwanz, während ich mich auf seinen Bauch legte und die Haare auf seinem Körper an der Haut spürte; sein Mund massierte abwechselnd meine Eier. Ich beugte mich hinunter, um mit der Zunge an seinem Gerät entlangzufahren, von der Spitze der fetten Eichel bis zu der weich behaarten Stelle, wo sich seine Eier in den Spalt zwischen seinen Beinen schmiegte. Meine Wangen scheuerten an seinen behaarten Schenkeln, zwischen die ich eintauchte, um den kräftigen Geschmack nach Schweiß und Männlichkeit in mich aufzunehmen.

Ich ging zurück, nahm die Spitze zwischen die Lippen und fing an zu saugen, worauf ich mit einem Strom klebriger Lusttropfen belohnt wurde, der mir die Zunge bedeckte und die Kehle mit dem strengen Geschmack seines Spermas füllte. Von diesem köstlichen Anfang angestachelt, nahm ich seinen Schwanz so weit wie möglich in die Kehle, aufstöhnend als sein Umfang in mir zunahm und sein Schaft sich in wachsender Erregung blähte. Unterdessen ging er mit dem Mund von meinen Eiern zum Arsch über, steckte mir die Zunge in den Spalt und fand das empfindsame Arschloch. Meine Latte federte ihm gegen die Brust, als er sich Zugang zu meinem Loch verschaffte und seine Zunge sich durch meine Rosette bohrte, während seine Hände schmerzhaft meinen Arsch packten.

Sobald ich mich entspannte, fing er an, die Zunge tiefer in mich zu stoßen. Ich fing an, seine Bewegungen in meinem Arsch mit denen meines Mundes an seinem Schwengel abzustimmen, den er mir Zentimeter um Zentimeter weiter in die gierige Kehle steckte, während er mich von hinten ausleckte. Nach einer Weile glitt die Zunge aus meinem Arsch heraus, um von einem Finger ersetzt zu werden, der im Takt mit dem Bolzen, der meinen Mund penetrierte und in meiner feuchten Öffnung ein- und ausfuhr. Bald gesellte sich ein zweiter dazu, dann noch einer und noch einer, bis mir vier Finger im Hintern steckten und ihn weiteten.

Den Arsch gefickt zu kriegen, während ich seinen dicken Schwanz blies, war ein tolles Gefühl, als seien wir durch ein Kabel verbunden, das mir mitten durch den Körper lief. Ich preßte mich stürmisch gegen seine Hand, wobei ich mit dem Schwanz an seiner Brust rieb, während ich versuchte, noch den letzten Zentimeter seines Ständers aufzunehmen, und die Qual seiner Körperhaare auf meiner empfindlichen Eichel und das Erstickungsgefühl, das der Umfang seiner Latte in mir hervorrief, genoß. Ich malte mir aus, wie es wohl aussehen mochte, wenn seine Finger durch mein Loch fegten, wie meine heißen Eingeweide sich auf seiner Haut anfühlen mochten, was mich noch geiler machte.

Ich wollte seinen Arsch auch schmecken, ließ daher seinen Schwanz frei auf meinen Hals fallen, um seine Beine unterhalb der Knie zu fassen und nach hinten bis zur Hüfte zu ziehen. Als ich das Gewicht auf seine Schenkel verlagerte, spreizte sich sein wundervoller Arsch vor mir, und die Backen teilten sich, um seine pelzbewachsene Spalte mit der pinkfarbenen Rosette in der Mitte zu enthüllen. Ich tauchte hinein und leckte und küßte sein Loch, bis die spucketriefenden Haare sich in zierlichen Kreisen um die Öffnung legten wie ein Kranz. Er schmeckte wundervoll, kernig und schwer, und ich hätte ihn ewig so lecken mögen. Ich ließ meinen Mund über die Hügel seines wunderschönen Hinterns wandern, biß in die Haut, als sich die Eier bis in meine Kehle aufrollten und durch meinen Kopf waberte der Gesang der Elfen, die 'Silver Bells' sangen.

Sein Schwanz preßte sich fordernd gegen meine Kehle. Ich wurde von dem Bedürfnis überwältigt, ihn in mir zu haben. Ich ließ seine Füße los und drehte mich so, daß ich ihm zugekehrt auf seiner Brust saß. Sein Gesicht war von den Lichtern, die um uns her funkelten, in ein wechselndes

Bad aus Blau, Grün und Rot getaucht. Ich beugte mich vor und führte seine Eichel in mein wartendes Loch. Als ich zurückging, hob er die Hüften an und trieb sein Gerät tief in meinen willigen Arsch, bis ich auf seinen Eiern saß und mein Schwanz so hart war, daß er sich flach an meinen Bauch drückte.

»Richtig schön eng«, sagte er. »Grade als würd' man in 'nen gutgebauten Kamin steigen.«

Ich konnte nicht antworten. Mir schwirrte der Kopf vom Umfang seines Schwengels, der mich ausfüllte. Es war gut, daß er mich zuerst mit der Hand locker gemacht hatte. Irgendwo in meinem Bauch spürte ich die Eichel zucken und stöhnte auf, während mein Arsch sich eng um den Schaft krampfte. Er legte mir die Hand auf die Brust, um erneut meine Nippel zu packen und sie zu zwirbeln, während ich ihn mit langen Stößen ritt. Als ich zur Schwanzspitze kam, fickte er die Öffnung meiner Rosette mit kurzen Stößen und schickte Wellen der Lust durch mich hindurch, als wären auf meine nackte Haut lauter Schneeflocken gefallen.

Ich glitt der Länge nach wieder auf ihm zurück, so daß ich wieder ganz von seiner Härte und Hitze erfüllt wurde. Mein Arsch schluckte ihn gierig und genoß jeden Zentimeter. Mein Schwanz ächzte, während ich ihn ritt. Er fing an, heftig unter mir zu atmen und bearbeitete meine Titten um so härter, je stärker ich ihn pumpte. Das Feuer in meinem Innern erreichte den Punkt, an dem es mir in die Brust durchzubrechen drohte. Ich spürte, daß sich meine Eier vor Gier nach Erleichterung spannten. Ich fing an, seine Rute noch schneller zu pumpen, in Vorfreude auf die köstliche Explosion der Lust, die, wie ich wußte, meine Entladung begleiten würde.

»Komm noch nicht«, flüsterte er mir zu, als ich gerade meine Ladung abschießen wollte. »Ich will von dir gefickt werden.«

Ich nahm alles, was ich hatte, zusammen, um ihm meine Sahne nicht über die Brust zu spritzen, besonders als er mir einen letzten Stoß versetzte und ich ihn in mir anschwellen und heiße Ströme in meine Eingeweide ergießen fühlte. Während ich mich darauf konzentrierte, den Sturm, der aufgeregt in meinen Eiern tobte, zurückzuhalten, öffnete sich sein Mund zu einem stummen Schrei, während er die Schwelle überschritt und sein Gerät meine gesamten Innereien mit Samentropfen überschwemmte. Ich spürte, wie sie mir in dicken Schwällen den Arsch pflasterten, wobei ich meinen Schwanz fest in der Hand hielt, um mich am Abspritzen zu hindern.

Er zog ihn aus mir heraus, rollte mich von sich ab und ging auf Hände und Knie, den Kopf auf die Hände gesenkt. Sein noch immer harter und vom eigenen Sperma glitschiger Schwanz hing herab und tränkte den Baumwollschnee jetzt mit dicken Tropfen. Aufgerührt von dem Bedürfnis zu kommen und vom Gefühl seiner Explosion in mir, verlor ich keine Zeit und rammte ihm den Bolzen in seinen leckeren Arsch. Mein Bauch klatschte ihm an den Hintern, als ich ihm, die Hände an den Hüften, den Schwanz mit einem Stoß bis an die Wurzel hineintrieb. Ich glaubte, vom Gefühl, das meinen überforderten Hammer umhüllte, ohnmächtig zu werden, und fing an, ihn so hart zu ficken, wie ich konnte, bis ich es nicht länger aushielt.

Während ich mich auf meinen Höhepunkt zuarbeitete, schwamm mir der Kopf von einer Mischung aus Hitze und dem Lärm der manischen Elfen, die in ihrem Repertoire nun beim 'Halleluja' angekommen waren. Mein Schwanz fuhr wild in ihm ein und aus, während ich sein schönes Loch pflügte, und ich wünschte mir, es würde ewig dauern. Er hob den Kopf und fing an, sich im Takt mit mir den Schwanz zu wichsen. Sein Arsch verlockte meinen Bolzen zu neuen Höhen der Freude, und ich rammelte ihn wie verrückt, während die Stimmen der Elfen sich betäubend zum Halleluja erhoben, das das Ende des Chorals ankündigte.

Als sie ihren erschütternden Höhepunkt erreichten und ihre dünnen Stimmen spitz wie ein Eiszapfen auf der letzten Note hängenblieben, kamen wir gleichzeitig. Mein Schwengel explodierte jubelnd und badete seinen Arsch in einem Schneesturm aus Sperma, der in wildem Röhren durch ihn hindurchrauschte. Im gleichen Augenblick flog sein Kopf zurück, und aus seinem Schwanz schoß ein Strahl und platschte gegen die Wand des Lebkuchenhäuschens, von der er heruntertröpfelte wie langsam in der Sonne schmelzender Schnee.

Erschöpft brach ich im Schnee zusammen und zog ihn auf mich herunter. Die Elfen, die ihr Konzert beendet hatten, blieben stumm, während das Band sich irgendwo innendrin zurückspulte. Die Lichter funkelten fröhlich um uns auf und ließen farbige Blitze über unsere schweißbedeckten Leiber schießen, während wir versuchten, wieder zu Atem zu kommen. Durch das Glasdach konnte ich sehen, daß es heftig schneite und weiße Flocken das Glas mit frostigen Wirbeln bedeckten. Seinen schlaff werdenden Schwanz an meinem Bein lagen wir stumm da.

»Sieht aus, als würd's da draußen ungemütlich werden«, sagte er. »Ich sollte mich wahrscheinlich auf den Weg machen.«

Er stand auf und fing an, sich den roten Anzug anzuziehen, während ich wieder in die Uniform stieg. Als er voll kostümiert war, mit dem Bart am rechten Platz und der Mütze auf dem Kopf, griff er in seine Tasche. Er zog eine Zuckerstange heraus und reichte sie mir. »Frohes Fest«, sagte er und ging weg. »Frohes Fest und allen eine gute Nacht.«

STEUERHINTERZIEHUNG

Schon bevor ich das ominöse blaue Couvert öffnete, das in meinem Briefkasten lauerte wie eine
tödliche Bestie, die auf ihre Mahlzeit wartet, überkam mich
ein starkes Gefühl bevorstehender ewiger Verdammnis.
Auf dem Umschlag befand sich kein Hinweis auf den Inhalt, nur das schicksalsträchtige Wort OFFIZIELL in sauberen Lettern in der rechten Ecke. Nicht einmal ein Absen-
der. Ich versuchte mir einzureden, es sei nur wieder so ein
Preisausschreiben oder etwas anderes aus dem endlosen
Strom von Produkte-für-die-weibliche-Hygiene-Wurfsen-
dungen, die ich anscheinend immer bekam und die mich
belehrten, wie ich mich frisch fühlen und wie eine Wiese
Gänseblümchen riechen konnte. Im allerschlimmsten Fall
konnte es eine Ladung als Schöffe sein, ein Gedanke, der
mich befremdlich tröstete.

Kaum hatte ich ihn geöffnet, wurden meine schlimmsten
Befürchtungen wahr. Da hatte ich es schwarz auf weiß, ein
Brief, in dem um meine geschätzte Anwesenheit bei einem
Treffen mit den guten alten Steuerpüfern ersucht wurde.
Ich sollte in drei Wochen mit all meinen 'sachdienlichen
Rechnungsunterlagen und Formularen' beim örtlichen Fi-
nanzamt vorsprechen, um 'einen eventuellen Irrtum bei der
Berechnung Ihrer Rückzahlungen für 1991' zu erörtern.

1991 wollten die? Ich konnte nicht einmal die Rechnungen für die Lebensmittel, die ich heute morgen eingekauft hatte, finden; wie, zum Teufel, sollte ich einen Haufen antiker Dokumente aus der Zeit vor der Erschaffung des Menschen ausgraben? Den Nachmittag verbrachte ich damit, hektisch meinen hoffnungslos durcheinandergewürfelten Aktenschrank durchzuforsten. Alles was ich in meinem voller Optimismus angelegten Rechnungsordner fand, waren vier Taxirechnungen, verschiedene Quittungen für Dinge, an deren Kauf ich mich nicht einmal erinnern konnte, und einen Rechnungsabschnitt von einem Restaurant mit der Telefonnummer von einem Kerl namens Sean drauf.

»Wirklich zu übel«, sagte mein Freund Mark hilfreich, den ich nachmittags anrief, um mein Schicksal zu beklagen. Nach einem Dutzend Umzügen besaß Mark immer noch jede einzelne Quittung für alles, was er je im Leben angeschafft hatte, alphabetisch sortiert in etikettierten Ablageboxen in seinem Schrank. Wenn es nötig war, konnte er eine detaillierte Liste aufstellen, auf der alles aufgeführt war, vom ersten Fahrrad, das er sich mit zwölf gekauft, bis zu dem Dildo, den er auf einem Trip nach Amsterdam mitgenommen hatte. Er war natürlich noch nie überprüft worden.

»Leih mir deine Rechnungen für den Tag«, schlug ich hoffnungsvoll vor. »Ich versprech' dir, daß ich sie sauber und ordentlich zurückgebe.«

»Im Leben nicht«, sagte er. »Du bist Schriftsteller. Warum denkst du dir nicht einfach welche aus? Ellen hat das mal gemacht, glaub' ich. Du kannst sie ja fragen, wie sie's angestellt hat.«

In meiner Not klang das wirklich nach einer sehr guten Idee. Ich legte auf und machte mich gleich ans Werk. Ich raste zum Geschäft für Bürobedarf, wo ich mir eine Rechenmaschine schnappte, die Rechnungen ausdruckte. Dann fand ich noch Tintenpatronen in unterschiedlichen Farben, die ich, wie ich glaubte, clever einsetzen konnte, um es so aussehen zu lassen, als kämen die Rechnungen alle von verschiedenen Geschäften. An der Kasse steckte ich die Quittung sorgfältig ein, damit ich im nächsten Jahr alles als Geschäftskosten absetzen konnte. Triumphierend kehrte ich in meine Wohnung zurück.

Viereinhalb Stunden später rief ich Mark wieder an. »Du dreckige Schlampe«, sagte ich giftig, während ich versuchte, mir vier verschiedene Farben gleichzeitig von der Hand zu wischen, wobei ich die Tausende von Zetteln auf meinem Tisch zu Boden fegte. »Hast du schon mal versucht, Quittungen für dein ganzes Leben zu fälschen? Nicht alleine, daß man sich was ausdenken muß, was man auch wirklich absetzen kann, man muß auch noch darauf achten, daß, wenn man das ganze Zeug zusammenrechnet, genau der Betrag rauskommt, den man in den Antrag geschrieben hat. Hast du 'ne blasse Ahnung, wieviel Berge von Papier man kaufen muß, um auf *neunhundertzweiundfünfzig Dollar* zu kommen?«

»Es geht nicht um dein ganzes Leben«, sagte er abwehrend. »Es ist nur ein Jahr. Außerdem hab' ich dir doch gesagt, daß Ellen es gemacht hat.«

»Ich hab' Ellen angerufen«, sagte ich trocken, wobei ich mir beim Versuch, eine Patrone aus der Rechenmaschine zu zerren, grüne Farbe ins Gesicht schmierte. »Sie sagte, daß man sie wegen ihrer Abzüge nicht nur sechs Stunden lang ausgequetscht hat, bis sie zu heulen anfing, sondern daß sie am Ende auch noch $2000 Geldbuße auf eine Rechnung von $600 bezahlte. Sie sagte, sie hätte erst vor einer Woche einen Taxifahrer um eine Quittung bitten können, ohne in Tränen auszubrechen, und das nach acht Monaten Therapie.«

»Du bist hysterisch«, sagte Mark. »Ich glaube, du solltest dich hinlegen.«

»Ich glaube, du solltest mich mal kräftig … «, kreischte ich. »Besser du gibst mir diese Quittungen. Außerdem bist du mir was schuldig. Weißt du noch, als du Jim Sackratten angehängt hast und ich ihm sagte, du hättest sie dir im Sportstudio geholt? Und ich sagte ihm, ich hätte sie auch, nur damit er nichts von deiner kleinen Nummer mit dem Lieferantenboy von der Bodega mitkriegt. Pablo – oder Paco – oder so ähnlich.«

»Er hieß Pedro, und Jim und ich haben vor Wochen Schluß gemacht. Wenn du öfter anrufen würdest, wüßtest du das.«

»Wenn man von dir mal was braucht«, fing ich an, aber Mark legte mit absonderlichen Summgeräuschen und der Behauptung, jemand klingle an seiner Tür, auf. »Vielleicht lernst du ja im Gefängnis was Nettes kennen«, sagte er kurz bevor die Leitung tot war.

In dieser Nacht lag ich im Bett, starrte an die Decke und malte mir aus, was mir schlimmstenfalls passieren könnte. Würde ich wirklich in den Knast wandern? Ich hatte keine Ahnung. Im Geist beschwor ich eine Zelle vor mir herauf, klein und stickig mit Etagenpritschen und einem einzigen schmutzigen Waschbecken. Ich erschuf mir einen Zellengenossen namens Hank. Ein massiger Klotz von Mann, der für bewaffneten Raubüberfall und Mord an einem Polizisten saß. Ich verlieh ihm einen dicken Fünfunzwanzig-Zentimeter-Schwanz und fette, behaarte Eier, mit denen er gern spielte, wenn er sich in der Pritsche über mir bei rhythmisch quietschenden Federn einen abwichste.

Erstaunlicherweise reagierte mein Schwengel auf meine kleine Phantasie und wurde fast augenblicklich steif. Während ich ihn wichste, machte ich die Szene noch wüster. Ich stellte mir vor, daß Hank mir die orangefarbene Gefängniskluft vom Leib riß und mich auf dem dreckigen Zellenboden besinnungslos fickte, während ich um Gnade winselte. Sein Bolzen in meinem brennenden Loch raste raus und rein, während er mich vor den Augen aller anderen Mitgefangenen durchvögelte. Diese sahen uns zu und wichsten mit ihren Händen ihre fetten Ruten, bis sie den betonierten Gefängnisboden mit dicken Ladungen überschwemmten.

Als ich dann kam, hätte mir meine Anhörung nicht gleichgültiger sein können. Während ich mir meine Ladung über den Bauch spritzte, war ich bereit und willig, von ihnen zu Hank und seinem dicken Schwanz gebracht zu werden. Fast konnte ich spüren, wie er mir einen riesigen Schwall in den Hintern entlud. In meinem Delirium glaubte ich wirklich, daß sich alles zum Guten wenden würde. Dann war der Augenblick jedoch vorüber, und ich kam wieder zu Sinnen. Während das kalte Sperma an meinen Seiten herunter auf die Laken rann, wurde mir klar, daß ich der Gefickte war, und zwar ordentlich – und es war das Finanzamt und nicht Hank, das fürs Geficktwerden sorgen würde.

In den nächsten drei Wochen hatte ich einen wiederkehrenden Traum. Ich war an einen Stuhl gefesselt, während eine Gruppe gesichtsloser Männer in schlecht sitzenden Anzügen und gelockerten Schlipsen mir mit blendendem Licht ins Gesicht leuchtete und versuchte, die Wahrheit über meine Finanzen herauszubekommen. »Wo sind die ganzen

Quittungen?« brüllten sie im Chor. Ich versuchte, ihnen eine Erklärung zu liefern, aber jedesmal wenn ich etwas sagte, blitzte über meinem Kopf eine rote Lampe auf, und eine Roboterstimme schrie: »Gelogen. Gelogen. Gelogen.« Schweißgebadet wachte ich am nächsten Morgen mit dem Kissen über dem Kopf auf.

Am Morgen meiner Anhörung kratzte ich meinen kläglichen Haufen zerfledderter Quittungen zusammen und steckte sie in meine Aktentasche. Noch immer klammerte ich mich verzweifelt an die vage Hoffnung, daß vielleicht alles nur ein großer Irrtum war und sie mich einfach nach Hause gehen lassen würden. Zuerst dachte ich daran, einen Anzug anzuziehen, dann fiel mir ein, daß ich überhaupt keinen besaß. Ich kam zu dem Schluß, daß ich in Jeans und T-Shirt sowieso lockerer aussehen würde. Allerdings beschloß ich, zu Fuß zum Finanzamt zu gehen. Ich wollte nicht zu wohlhabend wirken, dadurch daß ich in einem Taxi vorfuhr. Ich redete mir ein, ich sei nicht paranoid. Irgendwie wußte ich einfach, daß sie schon alles wußten.

Das Gebäude selbst war recht unscheinbar. Ich hatte Marmorhallen erwartet und lange Korridore, gesäumt von Türen und Wachen mit steinernen Gesichtern in schwarzen Uniformen. Statt dessen handelte es sich um ein recht normal aussehendes Bürohaus mit Fenstern, die sich nicht öffnen ließen und blauen Teppichen in der Farbe von Frostschutzmittel. Am Empfang saß eine ausladende Frau mittleren Alters mit zu viel Make-up und schlechtgefärbtem Haar, das eine merkwürdige lila Tönung besaß. Ich brauchte einen Moment, um zu erkennen, daß sie eine entfernte Ähnlichkeit mit Barney aufwies. Während ich mich anmeldete, summte ich das debile Lied des lila Sauriers 'I love you, you love me' vor mich hin und fragte mich, welche

Wirkung wohl der jahrelange Anblick von Leuten, die zu ihrer Hinrichtung kamen, auf ihren Geist ausgeübt hatte.

»Warten Sie einfach da drüben«, sagte sie tonlos, nachdem sie lange und eindringlich meine Unterschrift gemustert und mich dann aus zusammengekniffenen Augen angestarrt hatte. »Gleich wird jemand herauskommen und sie abholen.«

»Sind da nicht schon ein paar draußen, um mich abzuholen?« fragte ich scherzhaft. Sie lächelte nicht, und ich zog mich eilig zurück.

Ich setzte mich und beobachtete die anderen Wartenden. Die meisten hatten dicke Akten, sauber geordnete Auflistungen ihrer Ausgaben. Anders als ich, wirkten sie alle ruhig und gesammelt, als seien sie völlig in der Lage, ihre Abzüge in Höhe von $400 für Büromaterial zu erklären, ohne zusammenzubrechen und zuzugeben, daß es sich in Wirklichkeit um einen Trip nach Provincetown in Begleitung eines stämmigen Bauarbeiters gehandelt hatte, den sie vor ihrer Wohnung aufgelesen hatten. Ich erinnerte mich meiner Handvoll von Quittungen und wünschte mir, zu sterben. Ich dachte daran, zu fliehen oder einen Herzanfall vorzutäuschen, aber eine Stimme unterbrach meine Tagträume.

»Mr. Caffrey?«

Ich blickte auf. In der Halle stand ein Mann mit einem Aktenordner. Er schaute sich erwartungsvoll um, wie ein Löwe, der nach der einzigen Antilope in der Herde mit lahmem Bein Ausschau hält.

»Hier«, sagte ich mit dem Gefühl, mich wieder in der zweiten Klasse bei Mrs. McGuffey zu befinden.

»Kommen Sie bitte mit«, sagte der Mann. Als ich aufstand, streckte er die Hand aus. »Ich bin Mr. Mitchell. Ich werde ihre Anhörung heute durchführen.«

Ich versuchte, eine Hinweis auf Schadenfreude in seiner Stimme auszumachen, aber er zeigte keine Spur seiner Einstellung gegenüber der mir bevorstehenden Folter, als er mir die Hand schüttelte. Sein Griff war fest, und ich hoffte, meine Handfläche schwitze nicht zu sehr. Während wir durch die Halle auf sein Büro zugingen, versuchte ich mich einzufühlen, wie Mitchell sein mochte. Er schien Ende dreißig zu sein. Er war um einige Zentimeter kleiner als ich mit meinen einsachtzig und kompakt gebaut. Er hatte ein hübsches Gesicht, so etwa wie die Models in den Kaufhausprospekten, die alljährlich so um Vatertag in gestrickten Polohemden und Khakishorts zu sehen sind. Er trug eine Anzugshose, aber die Ärmel seines weißen Hemds waren aufgekrempelt und ließen mit dichtem dunklem Haar bedeckte Unterarme sehen. Zumindest würde ich etwas Nettes anzuschauen haben, wenn ich eines langsamen, qualvollen Todes starb.

Als wir an seinem Büro ankamen, bat Mitchell mich, einzutreten und schloß die Tür hinter sich. Das Büro war klein und ein bißchen stickig, aber durch das Fenster drang ein wenig Sonne. Mitchells großer Holzschreibtisch war mit Papieren und Aktenstößen bedeckt, die gleich umzufallen drohten. Er wies auf einen Stuhl gegenüber seinem papierübersäten Tisch, auf den ich mich, meine Aktentasche umklammernd, setzte. Er ließ sich auf seinem Stuhl nieder und schlug meine Akte auf.

»Na schön«, sagte er. »Ich denke, wir sollten loslegen. Je früher wir anfangen, desto früher kommen Sie hier raus. Wie schon in dem Brief steht, den sie bekommen haben, haben wir einige Fragen zu ihren Rückzahlungen von 1991.«

Ich versuchte zu lächeln, bekam aber nur etwas hin, das

wie eine Totenfratze wirken mußte. »Schießen Sie los.«

Mitchell zog etwas aus meiner Akte und überflog es. »Hier steht, Sie seien Schriftsteller.«

»Das stimmt«, sagte ich.

»Was schreiben Sie?«

Ich zögerte. In der letzten Zeit hatte ich mein Geld hauptsächlich mit Pornos verdient. Ich war mir nicht sicher, ob es mir weiterhelfen würde, wenn ich Mitchell das erzählte. »Ich schreibe ganz verschiedene Sachen«, sagte ich ausweichend. »Bücher, Zeitschriftenartikel. Was so anfällt.« Ich lächelte vertrauenerweckend. »Kirchliche Meldungen«, sagte ich spontan.

Er schaute mich befremdet an und nickte. »Fein, wie Sie wissen, können die Abzüge, die Berufsschriftsteller ansetzen können, ein wenig vertrackt sein. Ich möchte ein paar von Ihren Abzügen durchgehen, einfach um sicherzugehen, daß alles in Ordnung ist. Solange Sie für alles Quittungen haben, dürfte es da kein Problem geben.«

Während der nächsten eineinhalb Stunden ging Mitchell jeden einzelnen Abzug durch, den ich angegeben hatte. Zug um Zug wollte er die Quittungen für meine Taxifahrten, Geschäftsessen, Portokosten und verschiedenes andere sehen. Als er immer wieder feststellte, daß ich keine Quittungen hatte, schüttelte er nur noch den Kopf. Als wir bei meinem $600 Abzug für Computerausstattung angekommen waren, war ich den Tränen nahe.

Mitchell legte die Akte beiseite und schaute mich an. »Wollen Sie mir etwa erzählen, Sie hätten für keine von all diesen Sachen eine Quittung, Mr. Caffrey?«

»Nun, wissen Sie, meine Wohnung ist nicht sehr groß«, fing ich an. »Ich habe nicht viel Platz für Schränke.«

Mitchells Gesicht war ausdruckslos. »Na schön«, sagte

ich. »Ich gebe auf. Warum rechnen Sie nicht einfach zusammen, was ich schuldig bin, und wir vergessen die Sache.«

»Nun, da sind, glaube ich, noch ein paar andere Dinge, die wir klären müssen, Mr. Caffrey. Zum Beispiel diese $ 79,97 für Zeitschriftenabonnements im Mai. Worum genau handelt es sich dabei?«

Ich konnte mich nicht überwinden, Mitchell zu erklären, daß dies meine Abonnements von *Advocate Men* und *Freshmen* waren. Er hatte mich schon an den Eiern, und ich wollte ihm nicht noch mehr Munition liefern. Kurz erwog ich, ihm weiszumachen, es sei für *Good Housekeeping* und *Field & Stream*, aber dann dachte ich mir, ich hätte schon Ärger genug.

»Das ist Recherchematerial«, sagte ich schwach, in der Hoffnung, er würde mir den Schwindel abkaufen und keine weiteren Fragen stellen.

»Recherchematerial?« sagte er finster. »Welche Art von Recherchematerial?«

»Ich schreibe für diese Zeitschriften«, sagte ich.

»Können Sie das beweisen?«

Jetzt hatte er mich festgenagelt. Ich öffnete meine Aktentasche und zog eine neuere Ausgabe einer Zeitschrift heraus, in der eine meiner Stories stand. Auf der Titelseite befanden sich ein großer Muskelmacker und eine Schlagzeile über Sex im Freien. Während ich sie Mitchell zögernd aushändigte, dachte ich an den bösen Brief, den ich meinem Herausgeber schreiben würde, sobald ich zu Hause war. Das würde er mir teuer bezahlen.

Mitchell lehnte sich in seinem Stuhl zurück, öffnete die Zeitschrift und fing an, sie durchzublättern. Von Zeit zu Zeit hielt er inne und schaute sich etwas an. Ich beobachtete den Ausdruck in seinem Gesicht und wartete darauf, daß er mir die Zeitschrift ins Gesicht werfen und mich aus dem Büro schmeißen würde.

Nach einigen Minuten schaute er auf. »Sie sind Tom Caffrey?«

»Äh, ja.« Ich staunte. »Steht das nicht auf meiner Akte?« Er schüttelte den Kopf. »Ich habe nur zwei und zwei nicht zusammengezählt, bis ich das hier sah. Ich mag ihr Zeug. Hatte schon mehr als ein paar gute Wichsrunden damit.«

Ich konnte kaum glauben, was er gerade gesagt hatte. »Also, danke. Freut mich, daß es Ihnen gefällt.«

»Klar doch«, sagte Mitchell. »Hilft mir beim Einschlafen in unruhigen Nächten. Ich habe mich schon immer gefragt, ob Ihnen sowas wirklich passiert ist.«

Ich schätzte die Lage ab, in der ich mich befand. Mitchell sah gut aus. Und ich konnte nicht noch tiefer reinrutschen. »Wollen Sie's rausfinden?« Ich hielt den Atem an, während ich auf seine Antwort wartete.

Mitchell schaute mich an. Nach einer Sekunde breitete sich ein Lächeln über sein Gesicht. »Klar«, sagte er.

Da er nicht zu wissen schien, was er als nächstes tun sollte, half ich nach. Ich stand auf und vergewisserte mich, daß die Tür abgeschlossen war. Die Scheibe war aus Milchglas, so daß niemand hereinsehen konnte. Wenn jemand hereinschaute, dann sah er nur Schatten und würde wahrscheinlich annehmen, ich sei verrückt geworden und würde versuchen, Mitchell umzubringen.

Ich drehte mich wieder zu Mitchell um und ging zu seinem Stuhl. »Steh auf«, sagte ich in meiner mackerigsten Stimme.

Er stand auf. Ich näherte mich ihm, bis mein Gesicht genau vor seinem war. Er atmete schwer und war sichtlich nervös. Ich legte ihm die Hand auf die Brust, und er zuckte zurück. Ich stieß ihn zurück, bis er den Tisch im Rücken hatte, dann fing ich an, sein Hemd aufzuknöpfen. Wirbel dunkler Haare erschienen, als sich unter meinen Fingern sein Hemd immer weiter öffnete. Obgleich er nicht ausgesprochen muskulös war, besaß er den Körper eines Mannes, der es schaffte, an mehreren Abenden in der Woche ins Sportstudio zu gehen.

Als das Hemd völlig offen war, zog ich es ihm vom Leib und warf es zu Boden. Auf seinem Gesicht war ihm der Schweiß ausgebrochen und lief in einem Rinnsal an seinem Hals hinab zu der Vertiefung in seiner Kehle. Ich fuhr mit dem Finger über seine Haut und stoppte den Tropfen, der ihm gerade übers Schlüsselbein rinnen wollte. Mitchell schaute eindringlich zu, als ich den Finger an meine Lippen führte und seinen Schweiß ableckte. Ich blickte ihm tief in die Augen, während ich mit dem Finger über meine Lippen fuhr und ihn anfeuchtete. Dann ging ich, ohne ihn aus den Augen zu lassen, mit der Hand zu seiner Brustwarze und kniff sie. Seine Augen schlossen sich, und er stieß gegen den Tisch.

Ich war von dem Moment an, als ich seine wunderschöne behaarte Brust gesehen hatte, steif geworden, und mein Schwanz drängte rasch gegen meine Jeans. Näher auf ihn zukommend legte ich zu beiden Seiten die Hände auf den Tisch und beugte mich vor, um ihn zu küssen, wobei ich ihm meinen Ständer gegen den Bauch preßte. Währenddessen legte Mitchell seine Hände an meine Brust, wie um mich wegzustoßen. Ich kam mir vor, wie der Chef in einem alten Film aus den 40ern, der sich an die hübsche Sekretärin heranmacht, und halb erwartete ich, daß Mitchell mir eine Ohrfeige versetzen und mir erzählen würde, er gehöre nicht zu dieser Sorte von Mädchen.

Statt dessen fuhren seine Hände an meinem Leib abwärts und um mich herum auf meinen Rücken, um mich näher an sich zu ziehen. Sein Mund öffnete sich, und seine Zunge drang warm und feucht durch meine Lippen hindurch in mich ein. Eine seiner Hände wanderte nach oben zu meinem Hals, während er mich tief küßte. Ich spürte die Stoppeln auf seinen Wangen an meiner Haut kratzen, als er sich zurückzog und den Mund zu meinem Hals führte, wo er kräftig saugte. Ich würde später einen Mordsknutschfleck haben, aber es war ein tolles Gefühl.

Bald zerrten Mitchells Finger an meinem T-Shirt und zogen es aus der Jeans. Ich half ihm und fummelte an den Knöpfen meiner Hose, bis sie endlich offen war und das T-Shirt freigab. Schnell zog Mitchell es mir über den Kopf und ließ es zu Boden fallen. Ohne ein Wort stülpte sich sein Mund auf meine Brustwarze und fing an, zu saugen, während seine Zunge kleine Kreise beschrieb. Gleichzeitig gingen seine Hände zu meinem Unterleib, schlüpften in meine Jeans und packten meinen Schwanz. Seine Finger rutschten unter meine Eier und hielten sie fest, während er an den Haaren auf meiner Brust leckte.

»Freut mich, zu sehen, daß er genau so groß ist, wie in den Stories«, sagte er mir ins Ohr, während er mit der Hand der Länge nach über meine dicken dreiundzwanzig Zentimeter fuhr.

Nun war ich derjenige, der geil wurde. Ich zog Mitchell hoch, löste seinen Gürtel und schob ihm die Hose herunter. Sein Schwengel war steinhart und ragte gerade von seinem Körper ab. Gute zwanzig Zentimeter lang, hatte er eine dicke Eichel, die sich zu einer Spitze verjüngte, die zum

Ficken wie geschaffen war. Seine Eier, fett und tiefhängend, baumelten zwischen seinen Beinen und warteten darauf, ihre Ladung ausgesaugt zu bekommen. Ich ging mit der Hand unter seinen Sack, spürte die dichten Haare, die auf dem Pfad zu seinem Arschloch wuchsen und ließ seine Eier in meiner Hand ruhen, während ich sie rubbelte.

Erneut stieß ich Mitchell auf den Tisch zurück, diesmal bis er richtig mit dem Arsch auf einigen Akten saß. Sein voller Sack hing zwischen den gespreizten Schenkeln und rutschte über die Tischkante. Ich setzte mich auf seinen Stuhl und zog ihn heran, bis ich genau zwischen den Beinen war. Er lehnte sich zurück und stieß mir den Schwanz ins Gesicht. Aus der Nähe bot er einen echten Anblick. Kerzengerade stieg er in einer ordentlichen Linie und mit einer dicken Ader an der Seite aufwärts. Die Eichel war fast gespalten, als ob ein scharfes Messer direkt ins Herz eines weichen, reifen Pfirsichs gedrungen wäre.

Das dichte Fell, das Mitchells Brust bedeckte, explodierte zwischen den Beinen zu einer dunklen Wolke, die seinen Bolzen einhüllte wie Nebel einen Turm, bevor es sich über seine Schenkel ausbreitete. Selbst seine Eier waren behaart, bedeckt von weichen Ringeln, die vom Schweiß an der Haut klebten. Ich legte ihm die Hände auf die Beine, fuhr ihm über die Waden zu den Knien. Sie noch weiter spreizend, beugte ich mich vor und leckte mit der Zunge über die weichen Falten seines Sacks. Behutsam nahm ich ein rundes Ei zwischen die Lippen und saugte sanft daran. Mitchells Hand legte sich mir auf den Kopf und fing an, mir durch die Haare zu rubbeln und mit langen Fingern meine Haut zu kneten.

»Das tut so scheißgut«, sagte er.

Ich dachte daran, daß meine finanzielle Zukunft davon

abhängen könnte, wie wohl Mitchell sich in der nächsten halben Stunde oder so fühlen würde, und machte mich daran, seinen Schwanz zu bearbeiten. Von der Wurzel ausgehend fuhr ich mit der Zunge leicht über den Schaft bis zur Spitze. Ich hielt so lange inne, daß Mitchell vor Erwartung unruhig wurde, um mich dann über ihn herzumachen, bis ich seinen Busch unter den Lippen spürte. Sein Schwengel drang leicht und geschmeidig in meine Kehle ein, und bald bewegte ich mich an seinem dicken Gerät auf und ab, schleckte an den Seiten und piesackte ihn, indem ich mit der Zunge um die Eichel kreiste, bevor ich ihn wieder ganz aufnahm.

Sein Bolzen schmeckte wundervoll in meiner Kehle, und alsbald hatte ich vergessen, daß es ein Finanzbeamter war, dem ich einen blies. Während ich an seinem dicken Schwengel lutschte, spielte ich selbst mit meinem Schwanz, der inzwischen steinhart war. Die Reibung meiner Hand an meinem Teil war zu viel. Ich stand auf, legte mir Mitchells Beine über die Schultern und zog sie so weit nach oben, daß er gezwungen war, sich auf die Papiere zu legen, die seinen Tisch bedeckten, und ein paar Aktenstöße zu Boden zu fegen. Ich spuckte mir in die Hand, rieb sie ihm durch die Arschspalte und befingerte roh sein enges Loch.

Ich setzte die Schwanzspitze an seiner Rosette an und drang langsam in ihn ein, um ihn jeden Zentimeter meines besten Stücks, der über den behaarten Rand glitt, spüren zu lassen. Der Anblick meines Schwengels, der zwischen seinen Backen verschwand, hätte mich um ein Haar meine Ladung abspritzen lassen, besonders als ich sah, wie sein Pimmel auf seinem Bauch zuckte und einen Strom von Lusttropfen ausstieß, als ich ihn ausfüllte. Als ich ganz drinnen war, fing ich an, ihn zu pumpen, und beobachtete sein Gesicht, während ich ihn in sein hübsches, enges Loch vögelte. Mitchell fing an zu stöhnen, als ich schneller wurde. Er schlang seine Hand um seinen Schwanz und wichste ihn mit langen Stößen. Je härter ich ihn fickte, desto härter bearbeitete er sein Gerät.

Als er kam, spürte ich, wie sein Arschloch sich um meinen Bolzen krampfte. Ein Strom von Sperma schoß aus seinem Loch und benetzte die Haare auf seinen Unterarmen mit dicken, bleichen Fäden. Noch mehr strömte heraus auf seine Brust. Ich zog den Schwanz heraus und benutzte ein wenig von Mitchells immer noch warmem Saft, um mich selbst abzuwichsen. Es dauerte nicht lange, und ich gab einen Schuß ab, der ihn mit einem neuen klebrigen Schwall sprenkelte, der vom Hals bis zu den Eiern über ihm abregnete und ihn mit meiner Sahne durchnäßte. Als ich fertig war, blickte ich auf seine auf dem Tisch ausgebreitete Gestalt nieder, auf der unsere gemischten Ladungen feuchte Wirbel in den Haaren bildeten.

Ich beugte mich hinunter und rieb mit der Brust über Mitchells klebrigen Oberkörper, um unser Sperma wie einen warmen Mund auf meiner Haut zu spüren. Auf ihm liegend bemerkte ich, daß sein Schwanz immer noch steif zwischen uns lag. Ich küßte ihn auf die Lippen und flüsterte: »Wie war's?«

»Toll war's.« Er fuhr mit der Zunge über mein Ohr. »Jetzt möchte ich sehen, ob du genau so gut im Nehmen bist wie im Geben.«

Also, ich kann nicht behaupten, daß ich übermäßig aufs Geficktwerden stehe. Aber wenn es mir ein paar Steuern ersparte, dann hatte ich nichts dagegen. Außerdem sah Mitchell über und über mit Sperma bedeckt so scharf aus, daß ich alles für ihn getan hätte. Mitchell stand auf, und ich beugte mich über seinen Tisch, um ihm einen hübschen Blick auf meinen runden Arsch und meine baumelnden Eier zu bieten. Er näherte sich mir von hinten. Ehe ich mich versah, steckte er mir seinen Schwanz tief ins Loch.

Mit den Händen packte ich fest die Tischkanten, während ich stumm jeden einzelnen Zentimeter seines dicken Hammers aufnahm, dessen fette, runde Eichel sich wie ein Geschoß in mich hineinbohrte. Als er erst einmal drin war, verlor Mitchell keine Zeit. Er fickte mich so kräftig, daß er mit dem Bauch gegen meinen Arsch klatschte, während er immer wieder seinen Fickbolzen in mich hineinrammte, bis ich glaubte, mein Arsch stünde in Flammen.

Und er wurde weniger wortkarg. »Hübscher, enger Arsch«, knurrte er. »Gleich schieß' ich dir 'ne Riesenladung in dein geiles Loch.«

Ich muß zugeben, daß er ein verdammt guter Arschficker war. Noch kurzer Zeit fing das Gefühl, die Rosette von seiner dicken Eichel weit aufgerissen zu kriegen, an, richtig gutzutun. Mein Schwanz klatschte gegen den Tisch, und meine Eier fingen an, sich aufzurollen, während er mich durchbumste. Ich fing an, mir den ächzenden Schwanz zu wichsen, und im Nu war ich bereit, meine Ladung abzuspritzen. Ich erreichte die Schwelle, als ich spürte, daß Mitchell anfing, mir tief ins Loch zu schießen. Ich fühlte, wie seinen warmer Schleim mich ausfüllte, als er immer wieder kam, wobei er nicht aufhörte mich zu vögeln.

»Oh, Gott im Himmel!« stöhnte er hinter mir, während er mit den Händen auf meinen Schultern losfeuerte. »Mir platzen die Eier!«

Mitchell pumpte mir noch einen Schuß in den übervollen Arsch, dann kam ich. Vier Spermaschwälle explodierten aus meinem Rohr und tauchten die Papiere auf dem Tisch in dicke Sahne. Die dickste Rakete platschte auf meine Akte und befleckte den braunen Ordner mit weißen Spinnweben. Ich brach auf dem Tisch zusammen; mein Körper zuckte noch von der Wucht von Mitchells Stößen, während sein Schwanz aus meinem Arschloch rutschte und er erschöpft auf seinen Stuhl fiel. Sein Leib war schweißgebadet und mit trocknendem Sperma bedeckt, und seine Haut war rot angelaufen.

Nachdem ich wieder zu Atem gekommen war, griff ich nach meiner samenfleckigen Akte und winkte Mitchell damit zu. »Sollen wir noch den Rest von meinen Abzügen durchgehen?«

»Mach dir darüber keine Gedanken.« Er nahm sie mir aus der Hand und zerriß sie in zwei Teile. »Ich geb' einfach in den Computer ein, daß alles klar ist.«

Ich hob meine Hose vom Boden auf und fing an, sie anzuziehen. »Danke. Ach, könntest du irgendwas wegen meiner überzogenen Bibliotheksbücher machen?«

Mitchell blickte mich ernst an. »Übertreib's nicht.« Er grinste. »Ich bin immer noch mißtrauisch wegen dieser $750,.- Portokosten.«

Er bückte sich und nahm etwas vor seinen Füßen vom Boden auf. »Übrigens«, sagte er und schwenkte die Zeitschrift mit meiner Story. »Was dagegen, wenn ich die hier behalte?«

Ich lachte. »Bitteschön. Wer weiß, eines Tages entdeckst du dich ja vielleicht selbst da drin.«

DAS AUGE DES BETRACHTERS

Als ich Lorenzo Maschelli endlich kennenlernte,
aß er gerade Orangen, während ihm ein schwarz-
haariger Mann mit vollen Lippen den Schwanz lutschte. Es
fand an einem Sommernachmittag unter mattgold schei-
nender Sonne im Garten hinter Lorenzos Haus in Rom statt.
Lorenzo saß im Schatten einer alten Pappel in einem Holz-
stuhl, umgeben von scharlachrot und rosa leuchtenden
Mohnblüten. Er war nackt, und der ebenfalls nackte Mann
kniete mit mehreren Zentimetern Schwanz in der Kehle
zwischen Lorenzos Beinen.

Geduldig trennte Lorenzo die Scheiben einer Orange, die
er aus einer blauen Schale auf dem Tisch neben ihm genommen hatte, indem er die rotglühenden Stücke voneinander löste und sie sich langsam zwischen die Lippen
schob. Mit der Orange in seinen langen, dicken Fingern sah
er aus wie ein Riese, der die verschiedenen Teile einer kleinen Welt auseinanderreißt und verschlingt. Seine Augen
waren geschlossen, und jedesmal wenn er den Saft aus einem Segment saugte, zeichnete sich auf seinem Gesicht
sein Genuß an der Süße der Frucht ab.

Um ihn nicht zu stören, blieb ich stumm. Der Mann
blickte aus dunklen, lustverschleierten Augen kurz zu mir
auf, als ich in den Garten kam, um sich dann wieder an die

Arbeit zu machen. Lorenzo selbst nahm von meiner Gegenwart keine Notiz, und ich lehnte mich an den Baum und wartete ab. Trotz des Schattens fiel genug Licht durch die Pappelblätter, daß mir unter dem dünnen, weißen Baumwollhemd, das ich am Morgen angezogen hatte, der Schweiß ausbrach. Es fing an, mir an der Haut zu kleben, und ich dachte wehmütig an die Dämmerung, in der die Stadt in Abendkühle getaucht sein würde.

Ich war nach Rom gekommen, um Lorenzo zu besuchen und mit ihm über Kunst zu sprechen. Im Frühjahr zuvor hatte mir ein Freund Lorenzos Zeichnungen gezeigt, feine Studien von Männern, die nackt verschiedenen Tätigkeiten nachgingen. Ich war fasziniert von der Kraft und Schönheit der Figuren und fühlte mich immer wieder von ihnen angezogen. Seine Themen waren Männer aus dem Alltag – ein Schreiner, der den Hammer hebt, um einen Nagel einzuschlagen, ein Bauer, der sich niederbeugt, um den Erdboden zu prüfen, ein Priester, der sich ein Kruzifix um den Hals hängt. Von ihrer Nacktheit abgesehen, wirkten sie direkt aus dem Leben gegriffen.

Das Faszinierendste an Lorenzos Männern war jedoch, daß sie selbst keineswegs schön waren. Viele waren gut in den mittleren Jahren und ihre Körper weit über die Zeit hinaus, in der sie ihrer jugendlichen Anmut wegen Gegenstand der Beachtung gewesen wären. Andere besaßen einfach Züge, mit denen sie normalerweise gewöhnlich gewirkt hätten: zu weit auseinanderstehende Augen, von der Arbeit zerschundene Hände, eine Nase, die nicht ganz in der Mitte wuchs. Es waren Männer, die aus dem Bauch von in Frühnebel gehüllten Schiffen Fischernetze zogen, die Partygäste, die ihr Gesicht keines Blickes würdigten, Drinks reichten, die an dünnen Stahlseilen über den Köpfen gleichgültiger Passanten die Fenster von Gebäuden reinigten. In einer Welt der Jungen und Schönen gingen sie unbeachtet ihrer Arbeit nach.

Dennoch war es Lorenzo gelungen, seine Modelle in Positionen festzuhalten, in denen ihre Bewegungen völlig natürlich und folglich am schönsten waren, erfüllt von einer unbewußten männlichen Kraft, die die Macht besaß, im Betrachter die sinnlichsten und unerwartetsten Reaktionen hervorzurufen. Der Bauer, dessen Eichel beinahe die Erde berührte, während er sich in die für einen Mann, der den Boden bearbeitet, gewohnte Hocke kauerte, war durch den Umstand, daß er keine Kleidung trug, fast noch mehr mit seinem Element verbunden. Der Priester, dessen Kreuz auf nackter Brust hing, näherte sich dem Gott, dem er diente, noch mehr durch die Tatsache, daß er nackt vor ihn trat.

Nicht alle waren von Lorenzos Arbeit angetan, und es war bei öffentlichen Ausstellungen verschiedentlich zum Eklat gekommen. Dennoch zog sein Werk eine rasende Aufmerksamkeit auf sich, als sich der Ruf von dessen Schönheit in der Kunstwelt verbreitete wie Feuer in dürrem Herbstlaub. Seine Zeichnungen wurden schnell zum Stoff, aus dem die Träume sind, als Sammler versuchten, sie aufzukaufen, nur um festzustellen, daß sie nicht verkäuflich waren. Lorenzo, der seinen Unterhalt anscheinend aus einem Familienvermögen bestritt, bot sein Werk nicht für Geld feil. Er wies alle Bitten von Käufern zurück.

Ich befriedigte mein Interesse an seiner Arbeit, indem ich mir die verschiedenen Bücher kaufte, die seine Zeichnungen enthielten, und fieberhaft Lorenzos Stil studierte, in der Hoffnung, das Wesen seiner Figuren zu erfassen und zu entdecken, was ihn mit ihnen verband, um ihn in die Lage zu versetzen, sie mit solch außerordentlicher Wirkung darzustellen. Ich versuchte, das, was er getan hatte, zu kopieren, aber meine Bemühungen endeten in Linien, die es verfehlten, das Papier zu Fleisch und Blut erstehen zu lassen, und Schattierungen, die eher den Eindruck von Blässe denn den von Muskeln über Knochen hervorriefen.

Schließlich überzeugt, daß er um ein Geheimnis wußte, dessen Kenntnis mir versagt blieb, machte ich mich daran, ihn selbst aufzufinden. Nach vielen Nachforschungen gelang es mir, jemanden auszumachen – einen Freund der Schwester eines Kollegen – der Lorenzo kannte, und so seine Adresse in Rom zu ergattern. Ich schrieb ihm, erzählte ihm von meinem Wunsch, von ihm zu lernen, und er hatte mit erstaunlicher Großzügigkeit geantwortet.

Im Lauf der nächsten Monate tauschten wir regelmäßig Briefe aus und wurden so gute Freunde, wie man es werden kann, wenn man sich nur per Post kennt. Aber obgleich ich ihn mehrmals nach seiner Methode fragte, vermied Lorenzo es jedesmal, mir zu antworten, sondern machte statt dessen unbestimmte Bemerkungen darüber, daß er seine Modelle kannte, und deutete an daß seine Technik nicht zu erklären sei. Ich hielt sein Widerstreben für die Weigerung, sein Geheimnis mit anderen zu teilen, und hörte auf, ihn um Informationen zu bedrängen.

Dann, im Frühjahr, schlug Lorenzo vor, ich solle ihn in Rom besuchen und sein Studio mit eigenen Augen kennenlernen. In der Überzeugung, daß er, wenn ich auch nur einen Augenblick zögerte, sein Angebot zurückziehen würde, hatte ich begeistert zugesagt. Wir vereinbarten meinen Besuch. Nachdem ich in der Schweiz gelandet war, wo ich bei einem Kunsthändler, der mir einige meiner Werke in seiner Galerie zeigen wollte, zu tun hatte, bestieg ich einen Zug nach Rom, und meine Aufregung, Lorenzo endlich kennenzulernen wuchs unaufhörlich, je mehr ich mich Italien näherte. Während vor meinem Fenster die Berge vorbeizogen und in die goldenen Ebenen von Weizenfeldern übergingen, schuf ich mir im Geist ein Bild von Lorenzo, das ich mehrmals ausradierte und von neuem begann, wenn ich neue Details hinzufügte.

Sämtliche Bilder, die ich mir von Lorenzo hätte machen können, verflüchtigten sich jedoch, als ich den Garten betrat und ihn zusammen mit dem schwarzhaarigen Mann vorfand. Gewiß war ich überrascht, ihn so zu sehen. Aber etwas an der Natürlichkeit seiner Pose, die Selbstverständlichkeit, mit der er und der junge Mann sich liebten, hinderte mich daran, mich peinlich berührt zurückzuziehen oder den Blick abzuwenden. Mir war, als hätte ich die unausgesprochene Erlaubnis, zuzusehen, und studierte ihn sorgfältig.

Ich ging davon aus, daß er fast fünfzig war. Sein Haar wies silberne Strähnen auf, und seine Haut war zur Farbe gemaserten Holzes gebräunt. Sein großer, gepflegter Körper war weder schwer noch muskulös und schmiegte sich ihm an wie ein bequemer Mantel. Seine behaarte Haut war auf Brust und Bauch mit dichten Wirbeln bewachsen, und sein langer, dünner Schwanz ragte stolz zwischen seinen Beinen auf, während der Mann mit der Zunge über die beachtliche Länge fuhr. Der Mann selbst war sehr breit und muskulös und besaß den Körper eines Arbeiters. Die weichen Hügel seiner Arschbacken ruhten auf seinen Fersen, während er vor- und zurückruckte. Auch er hatte eine ansehnliche Erektion, die er beim Blasen langsam wichste, während seine Eier im Takt der Hand pendelten.

Lorenzo fuhr fort, die Orange zu verzehren und von Zeit zu Zeit die Hand auszustrecken, um den Mann am Hals zu streicheln und ihn tiefer auf das Fleisch zu stoßen, das im

Mund aus- und einglitt. Er zog sanft an den Haaren, worauf der Mann mit dem Mund zu Lorenzos schweren Eiern überging und sie zärtlich leckte, während Lorenzo sich selbst zum Höhepunkt trieb. Aus seinem Schwanz sprühte eine weiße Gischt wie ein vom Fischer ausgeworfenes Netz, die auf seiner Brust und dem breiten Gesicht des Mannes landete. Mehrere weitere Schwälle schwerer Sahne schossen über Lorenzos Bauchbehaarung und fielen in dicken Fäden über seinen Oberkörper, während er die letzten Tropfen aus seinen Eiern pumpte.

Mit vom Samen Lorenzos beschmierter Wange blickte der Mann auf, und Lorenzo gab ihm ein Zeichen, aufzustehen. Zwischen Lorenzos Beinen stehend bearbeitete er mit der Faust seinen Schwanz, während Lorenzo ihm die Eier und die weiche Stelle genau unter seinem Arschloch massierte. Er kam in einer Reihe von kurzen Ergüssen, die auf Lorenzos Brust und Bauch niederregneten. Lorenzo trennte eine Orangenscheibe ab, mit der er sich über den Bauch strich, um mit ihr das Sperma des Mannes aufzuwischen, bevor er sie in den Mund steckte. Ein perlweißer Faden hing an seinen Lippen, als er die Frucht verschluckte. Er tat das gleiche mit einer zweiten Scheibe, die er dem Mann zu essen gab, der sie gierig entgegennahm.

Danach ging der Mann weg und verschwand hinter einer Tür am Ende des Gartens. Lorenzo drehte sich um und schaute mich an, wobei er mit der spermaverschmierten Hand die Augen vor der Sonne schützte. »Hallo«, sagte er. »Sie sind ein wenig zu früh gekommen. Ich würde Ihnen gerne die Hand schütteln, aber wie Sie sehen, ist das im Moment vielleicht keine gute Idee.«

»Das sehe ich«, sagte ich. »Ich hoffe, ich habe Sie nicht unterbrochen.«

Lorenzo lachte. »Nein. Eigentlich scheint Antonio sich noch zu steigern, wenn Publikum dabei ist. Warum haben Sie nicht mitgemacht?«

»Es schien mir angebrachter, zu warten«, antwortete ich. »Nicht, daß es mir nicht gefallen hätte.«

»Immer ganz Künstler.« Lorenzo erhob sich und führte mich ins Haus. Er zeigte mir mein Zimmer auf der oberen Etage mit Blick auf den Garten und sagte: »Wie wär's, wenn wir uns beide waschen und danach etwas trinken gehen?«

Lorenzo ließ mich allein und zog sich in sein Zimmer am anderen Ende des Flurs zurück. Ich wusch mich in dem kleinen Badezimmer und wechselte das Hemd. Als ich fertig war, erwartete Lorenzo mich bereits. Wir verließen das Haus, gingen in die Stadt und machten es uns an einer Piazza auf Stühlen bequem. Nach kurzem erschien ein Kellner mit zwei Gläsern Eistee, was, wie ich schloß, Lorenzos gewohntes Getränk sein mußte.

Fast sofort wandte Lorenzo sich mir zu und sagte: »Sie würden gerne das Geheimnis meiner Männer erfahren, stimmt's?«

Ich schaute ihn an und stellte fest, daß er nicht böse war, sondern lächelte. »Also«, fing ich an. »Da ist etwas, das mich fasziniert. Ich habe noch nie zuvor ein Bild gesehen, das so von Leben erfüllt war. Ihre Modelle sind gewöhnliche Männer, und doch haben sie mich hier getroffen« – Ich zeigte auf meinen Bauch – »als seien es die schönsten jungen Männer gewesen. Ich verstehe nicht so ganz, warum.«

Lorenzo lachte leise. »Ich werde Ihnen das Geheimnis verraten, aber es gehört etwas mehr dazu als das, was ich sage, um es zu verstehen.« Er beugte sich vor, und ich wartete atemlos auf seine Worte.

Als er nicht mehr sagte, als »Es kommt daher, daß ich sie liebe«, spürte ich, wie sich in meinem Innern Enttäuschung breitmachte.

»Das ist einfach, wenn die Männer schön sind«, sagte ich. »Aber Ihre Männer sind nicht so schön. Wie verlieben Sie sich in sie?«

Lorenzo lachte auf. »Jeder hat etwas, das Liebe erwecken kann, einen Zug, der, wenn er hervortritt, in demjenigen, der ihn anschaut, den Wunsch erregt, ewig hinzuschauen. Das Rätsel liegt darin, herauszufinden, was es ist. Es könnte die Art sein, wie er einen Apfel hält, wenn er ihn ißt, die Art, wie sein Mund sich öffnet, um die Zähne zu zeigen, wenn er über einen Witz in sich hineinlächelt, die Art, wie die Haare auf seinem Unterarm liegen, wenn er mit aufgerollten Ärmeln dasitzt und liest.«

Lorenzo nippte an seinem Glas und stellte es auf den Tisch zurück. Er schaute sich auf der Piazza um und deutete auf einen Kellner, der emsig das Geschirr vom Tisch eines jungen Pärchens räumte. »Nehmen Sie zum Beispiel diesen Mann. Wenn sie die Szene beobachten, werden sie zuerst dazu neigen, auf den jungen Mann zu achten, der da sitzt. Er ist sehr hübsch, und es ist leicht, bei dem Gedanken, mit ihm zu schlafen, wie sein unbekleideter Körper aussehen würde, erregt zu werden. An den Kellner würde man keinen zweiten Gedanken verschwenden. Er ist zu dick. Er hat kein schönes Gesicht. Aber sehen Sie sich ihn noch einmal genau an, und was sehen Sie? Achten Sie darauf, wie seine Schürze um die Hüfte gebunden ist. Beobachten Sie, wie er sich völlig sicher um den Tisch bewegt, ohne hinzusehen weiß, wo alles steht. Sehen Sie, wie er das, was er tut, unter Kontrolle hat.«

Ich beobachtete den Kellner, der Geschirr wegräumte

und es durch neues ersetzte. Es lag etwas Faszinierendes in der Art, in der er diese gewöhnlichen Tätigkeiten verrichtete. Wenn er einen Käsekuchen anschnitt und ihn den Gästen vorlegte, wußte er genau, wie er das Messer führen mußte, um einen perfekten Schnitt zu erhalten, und wie er die Stücke auf die Teller zu legen hatte. Obwohl ich noch nicht völlig überzeugt war, fing ich an, zu verstehen, was Lorenzo damit meinte, die Schönheit in ihm zu entdecken.

»Er ist sehr selbstsicher«, sagte ich.

Lorenzo nickte. »Nun stellen Sie sich vor, mit ihm zu schlafen. Stellen Sie sich vor, wie er sich für die Zärtlichkeiten genau so viel Zeit nimmt wie für seine Arbeit. Stellen Sie sich vor, wie seine Hände Sie ebenso bedächtig streicheln.«

Ich dachte darüber nach und war verblüfft, wie leicht das Bild des Kellners in meinen Armen sich heraufbeschwören ließ, und noch verblüffter, wie sehr der Gedanke mich erregte. Ich stelle mir seinen Schwanz in meiner Hand vor, kurz und rosig und dick, und sein heißes Pochen in meiner Handfläche. Ich stellte mir vor, ihn zu ficken, die runden Hügel seines Arschs unter den Fingern, während ich ihn vögelte, das Geräusch, das er von sich geben würde, wenn er kam und die Art, wie sein Mund sich entspannte, wenn er sich seine Ladung über den Bauch spritzte.

»Sie denken darüber nach.« Lorenzo weckte mich aus meiner Trance. Als ich ihn anschaute, lächelte er. »Sie sehen«, sagte er. »Es liegt, wie man so schön sagt, alles im Auge des Betrachters.«

Wir verbrachten mehrere Stunden auf der Piazza, bis der Himmel fahl wurde und die Dämmerung über die Steine auf dem Platz gekrochen kam. Lorenzo zahlte, und wir kehrten zum Haus zurück, das von dem warmen Licht von

Außenlaternen beleuchtet war und süß nach den Orangen der Gartenbäume duftete. Ich war ganz darauf gefaßt, daß wir uns setzen und unsere Unterhaltung fortführen würden, aber statt dessen geleitete Lorenzo mich durch den Garten zu einer Treppe, die in sein Studio führte.

Der kleine Raum war übersät mit Stiften und Farben, buntfleckigen Lumpen und Papieren mit halbfertigen Zeichnungen, die über den großen Holztisch verstreut lagen, der den Mittelpunkt des Zimmers bildete. Die weißgestrichenen rauhen Wände waren von flüchtigen Entwürfen bedeckt, von denen ich einige als die frühesten Vorstufen ausgeführter Werke erkannte, die ich in den Büchern gesehen hatte. Ein Geruch nach Terpentin und Pfeifenrauch hing im Zimmer wie das Parfum einer Frau, die kurz zuvor hindurchgegangen war.

»Ich dachte mir, daß es Ihnen gefallen würde, den Prozeß mit eigenen Augen zu sehen«, sagte Lorenzo, wobei er eine Stelle auf dem Tisch freimachte und eine Handvoll von Stiften und ein Reinigungstuch ausbreitete.

»Sehr gerne«, sagte ich. »Aber wo ist das Modell?«

»Ich habe einen Mann aus der Stadt gebeten, heute abend herzukommen«, antwortete er. »Einen Hufschmied, Marcello Antovicci. Er müßte in wenigen Minuten hier sein.«

Die Aussicht, Lorenzo bei der Arbeit zuzusehen, war mehr, als ich mir von meinem Besuch erhofft hatte, und ich konnte es nicht erwarten, bis er begann. Wenige Minuten später klopfte es an der Studiotür. Lorenzo öffnete, und Marcello Antovicci trat ein. Er war Mitte vierzig und durchschnittlich groß. Er trug seine Arbeitskleidung, schwere Hose und Hemd und dicke Lederstiefel. Sein dunkles Haar war kurzgeschnitten, und sein breites, offe-

nes Gesicht war glattrasiert. In einer Hand hielt er eine
schwere Ledertasche, die, wie ich vermutete, sein Werkzeug enthielt.

Lorenzo begrüßte den Mann herzlich, als würden sie sich
gut kennen, und küßte ihn auf beide Wangen. »Sollen wir
anfangen?« fragte er. »Marcello, du kannst dich ausziehen
und dann hierherstellen.« Er deutete auf eine Stelle vor
dem Tisch.

Marcello stellte die Tasche ab und fing an, ungeschickt
sein Hemd aufzuknöpfen. Als er es auszog, bot er eine breite Brust dar, schwer mit Muskeln bepackt und mit dichtem,
dunklem Haar bedeckt. Seine Arme waren ähnlich entwickelt, seine Schultern rund vom stundenlangen Schwin-
gen des Schmiedehammers. Nachdem er die Stiefel ausgezogen hatte, stieg er aus der Hose, die er sorgsam faltete,
bevor er sie zusammen mit dem Hemd auf einen Stuhl legte. Wie alles an ihm waren seine Beine dick und kräftig mit
schweren Schenkeln und runden Waden.

Zu Lorenzo gewandt fragte er, wie er stehen solle. Lorenzo stellte ihn neben einen kleinen Tisch und zog aus der
Tasche, die Marcello mitgebracht hatte, einen Hammer hervor. Diesen gab er ihm mit der Bitte, ihn hochzuheben, als
wolle er damit ein eben aus dem Feuer geholtes Eisen bearbeiten. Marcello tat wie geheißen, indem er den Arm auf
halber Höhe zwischen seiner Schulter und dem imaginären
Stück Eisen hielt. Als Lorenzo mit der Position zufrieden
war, befahl er ihm, die Stellung so beizubehalten.

Am Tisch zurück griff Lorenzo zu einem Stift und begann, eine flüchtige Skizze von Marcello auf Papier anzu-
fertigen. Ich war erstaunt, wie schnell sich die Linien zu-
sammenfügten und die Umrisse des Mannes erschienen.
Nach nur wenigen Momenten hatte unter Lorenzos ge-

schickten Fingern ein grobes Bild von Marcellos Gestalt hervorzutreten begonnen.

»Sein Körper ist außergewöhnlich« flüsterte Lorenzo mir zu. »Schauen Sie, wie glatt die Linien an seinen Armen ineinander übergehen, wie die Muskeln an seiner Hüfte hervorstehen. Es scheint, als stehe gerade an seiner Esse, vor sich ein Stück Eisen, das darauf wartet, geschmiedet zu werden.«

Ich blickte zu Marcello, der schweigend im warmen, bernsteingelben Licht des Studios stand, und stellte mir ihn in seiner Schmiede vor, umwallt von Rauch aus der Esse, durchsichtigen Hitzewirbeln, die um seinen sonnverbrannten Kopf aufstiegen. Ich stellte mir ein dünnes Rinnsal aus Schweiß vor, das an seiner Wange hinab und über die Halsmuskeln bis in die Vertiefung an der Kehle rann. Ich sah, wie sich die Beinmuskeln spannten und lockerten, wenn der Hammer auf das glühende Eisen donnerte und einen stiebenden Funkenregen in die Luft sandte.

»Gehen Sie zu ihm«, sagte Lorenzo ruhig. »Finden Sie heraus, was an ihm Sie anzieht.«

Lorenzo versetzte mir einen Stoß in Richtung auf Marcello. Ich ging zu ihm hin. Als ich auf ihn zukam, rührte er sich nicht und behielt auch seine Position bei, als ich mich weiter näherte und ihm die Hände auf den Rücken legte. Die Muskeln lagen in dicken Schichten auf seinen Schultern, über die leicht meine Hände glitten, um ihre Kraft zu spüren, während ich mir vorstellte, wie sie sich bei Marcellos Arbeit rhythmisch bewegten. Ich ging zu seiner Hüfte über und fuhr mit den Händen über die volle Rundung seiner fleischigen Arschbacken, ließ die Finger dazwischengleiten, um das rauhe Haar zu spüren und dann seine mächtigen Eier zu umschließen. Sein Schwanz war dick und warm, und von hinten legte ich die Hand darum, um ihn langsam nach unten zu ziehen.

Da erst gab er seine Stellung auf, legte den Hammer nieder und drehte sich zu mir um. Seine dunklen Augen bohrten sich in meine, und seine schwieligen Hände legten sich um mein Gesicht. Dann griff er nach meinem Hemd und knöpfte es auf, um es mir schnell auszuziehen und zu Boden fallen zu lassen. Ich legte ihm die Hände auf die Brust und betastete die rauhen Haare, wobei ich auf die Knie sank und seinen anschwellenden Schwanz zwischen die Lippen nahm. Die Eichel war glatt und rund, und meine Zunge kreiste gemächlich um sie und kostete den Schweiß auf Marcellos Haut und seinen schweren Duft.

Sein Schwanz reckte sich schnell zu seiner vollen Länge von zwanzig Zentimetern. Der dicke Schaft war gerade und an der Unterseite mehrere Zentimeter weit mit dunklen Haaren bewachsen. Bald steckte er mir mit ganzer Länge in der Kehle, und meine Lippen preßten sich an die würzigen Haare zwischen Marcellos Beinen. Während ich ihn lutschte und mir seinen köstlichen Schwanz über die Zunge fahren ließ, stellte ich ihn mir erneut bei der Arbeit vor, den Schwanz von seiner schweren Hose bedeckt, die Hände den Stahl drehend und biegend. Ich wünschte mir, auf die gleiche Weise von ihm gehalten, mit der gleichen Kraft von ihm genommen zu werden.

Ich stand auf und ließ die Hose fallen. Mein Schwanz zuckte zwischen meinen Beinen auf, die Eichel glitschig von Lusttropfen. Ich sah, wie Marcello auf ihn hinabblickte, sah, wie seine Augen sich umwölkten. Er kam auf mich zu und preßte mich an sich, so daß ich gezwungen war, mich an die Tischkante zu lehnen, die sich mir unangenehm in den Rücken drückte. Zwischen meinen empfangsbereiten Beinen stehend, fing er an, seinen Körper an mir zu reiben, wobei sein Schwanz über meinen Bauch rutschte und unsere Eier gegeneinanderklatschten.

Er schob seine rauhen Hände unter meinen Arsch und hob mich an, bis ich auf dem Tisch saß, worauf er mich nach hinten stieß, so daß ich auf dem Rücken liegend und die Beine um seine Hüften geschlossen zu ihm aufschaute. Sein Gesicht war nicht das eines schönen Mannes, aber ich war verzaubert von seiner Kraft, wünschte mir verzweifelt, ihn in mir zu spüren, von ihm gefickt zu werden. Ich hob die Füße an und legte sie ihm über die Schultern, um ihm mein Loch darzubieten.

Marcello setzte seine Eichel an der Öffnung meiner Rosette an und drückte zu, stieß in einer einzigen schnellen Bewegung in mich vor, wobei mich eine Woge des Schmerzes durchfuhr, die mir den Atem nahm. Sein dicker Bolzen dehnte mich weit. Das Gefühl war überwältigend. Ich schloß die Augen und gab mich hin, während er anfing, mich mit kurzen Stößen in den Arsch zu vögeln, wobei die dicke Eichel jedesmal an meiner empfindsamen Öffnung rieb, wenn er sie bis an den Rand herauszog.

Marcello fickte mich lange und paßte seine Bewegungen mir an, wenn er spürte, daß ich gleich kommen würde. Er wußte genau, was er tat. Mir war, als sei ich aus Glas; wenn er mich einen Augenblick länger berührt hätte, hätte ich ihm über die Hände gespritzt. Ich bebte am ganzen Leib, während er mich liebte, wobei seine Hände ebenso geschickt mit mir umgingen wie mit einem Stück rohen Metalls.

Als die kurzen Stöße, mit denen Marcello mein Loch pflügte, meinen Eiern die sich ansammelnde Ladung entlockte und ich schließlich kam, schossen feuchte Stränge aus meiner geschwollenen Eichel und tauchten mich von der Kehle bis zur Hüfte in klebrigen Schleim. Nachdem ich gekommen war, fuhr Marcello fort, mich zu vögeln, dann zog er den Schwanz heraus und fing an, ihn mit seinen dicken Fingern, gegen die wild seine Eier klatschten, zu wichsen. Seine erste Explosion zerplatzte mir im Gesicht, ein Schwall heißen Spermas, der meine Lippen bedeckte und mir vom Kinn tropfte. Die nächsten landeten auf meinen Eiern und dem immer noch steifen Schwanz, fette Tropfen, die mich in Marcellos Hitze badeten.

Marcello kam noch einige Male unter Spasmen, die immer neue Ladungen auf meine Haut ergossen. Endlich hörte er auf, ließ den Schwanz aus den Fingern fallen und blickte mit befriedigtem Lächeln auf meinen spermaübersäten Leib nieder.

»Es scheint, als hätten Sie einiges aus dem gelernt, was wir besprochen haben, Mr. Caffrey«, hörte ich Lorenzo sagen, dessen Stimme die Stille durchbrach wie ein Stein, der aus großer Höhe auf eine glatte Wasseroberfläche fällt.

Am nächsten Morgen überreichte mir Lorenzo bei meiner Abreise ein in braunes Papier eingeschlagenes Paket. »Das ist für Sie; öffnen Sie es im Zug«, sagte er. »Es ist etwas, das Sie an Ihren Besuch erinnern soll.« Er gab mir einen Abschiedskuß. Und dann war ich auf dem Weg zum Bahnhof.

Später, als der Zug langsam durch die Berge fuhr, um mich in die Schweiz zurückzubringen, öffnete ich vorsichtig das Paket. Es enthielt die Zeichnung von Marcello mit gehobenem Arm den Hammer haltend. Unter seinem Arm war ein Busch aus Haaren zu erkennen, und Lorenzo hatte die Linien seines Schwanzes und seiner Eier perfekt festgehalten. Er mußte die ganze Nacht aufgeblieben sein, um es fertigzustellen. Während ich es betrachtete, roch ich noch einmal den Schweiß auf Marcellos Haut und spürte seine Hände auf meinem Körper. In meiner Hose richtete sich mein Schwanz auf.

WIE DU MIR ...

Da ich ein recht stiller Bursche bin, kümmere ich
mich gewöhnlich nicht um politische Angelegen-
heiten wie Märsche oder Demonstrationen. Ich ziehe es
vor, zu helfen, indem ich Briefe und Schecks schreibe.
Aber nachdem ich mir in den Nachrichten wochenlang Po-
litiker, die auf Schwule eindroschen, um rechte Wähler-
stimmen für die bevorstehenden Wahlen zu gewinnen, an-
gehört und ihre haßerfüllten Artikel in der Presse darüber,
daß Leute wie ich hinter den Kindern von Amerika her sei-
en, gelesen hatte, dachte ich mir, daß es mir nach dreiund-
dreißig Jahren nicht schaden könnte, meine Gemeinde ein
wenig dadurch zu unterstützen, daß ich mich für eine Sache persönlich sehen ließe. Als mich daher ein paar Freunde baten, mit ihnen zu einer Kundgebung zur Unterstüt-
zung einer schwulen Kandidatin zur staatlichen Menschen-
rechtsbeauftragten mitzukommen, sagte ich zu.

Als ich in den Park kam, in dem die Kundgebung statt-
fand, waren mehrere Hundert Leute da. Viele von ihnen
trugen Rosa-Winkel-Anstecker und Abzeichen, die ihre
verschiedenen Anliegen von Antidiskriminierungsgesetzen
bis zu Rechten für nichteheliche Gemeinschaften zum Ausdruck brachten. Eine große Anzahl trug die vertrauten roten Schleifen der Solidarität mit AIDS-Kranken und ver-

teilte Safer-Sex-Informationen und Kondome. Ich steckte mir einen Gummi ein, den ich von einem muskulösen Mann ohne Hemd mit Glatze und einem HIV+ -Tattoo auf dem Waschbrettbauch bekommen hatte. Dann machte ich meine Freunde aus und gesellte mich zu ihnen.

Die Kundgebung begann einige Minuten nach meiner Ankunft und war wirklich beachtlich. Die Kandidatin, eine Frau, die viele Jahre im öffentlichen Dienst gearbeitet und vor kurzem ihr Coming-out gehabt hatte, sprach über die Bedeutung von Rechten für Lesben und Schwule. Alles, was sie sagte, wurde von der Menge mit Pfeifen und Klatschen gutgeheißen. Als sie ihre Freundin auf die Bühne holte, flippten alle vor Jubel aus. Alles lief wirklich gut, als ich hinter mir Unruhe feststellte. »Hey, ihr Schwulis«, schrie eine tiefe, spöttische Stimme. »Ich hab' 'n dreiundzwanzig Zentimeter Schwanz, der seit 'n paar Tagen nicht mehr abgespritzt hat. Hat nicht einer Lust, 'n für mich trockenzulegen?«

Ich drehte mich um und sah ein paar Schritte entfernt eine Gruppe von Männern im Collegealter. Einer davon, ein großer, mackriger Kerl in Yankee-Sweatshirt, deutete auf uns und grinste. »Na?« sagte er. »Ich hab' euch doch gesagt, daß das die Schwuchteln aufmerksam machen würde.«

Ich wollte mich von dem Deppen schon abwenden und ihn ignorieren, als mich irgend etwas in mir zögern ließ. Vielleicht war es die Kundgebung, vielleicht einfach eine Menge aufgestauter Frustration; ich bin mir nicht sicher. Was auch immer, ehe ich mich versah, ging ich zu dem Kerl hin. Ich baute mich genau vor ihm auf, schaute ihm in die Augen und sagte: »Dreiundzwanzig Zentimeter, hm? Und wer kriegt die, deine Mutter oder deine Freundin?«

Das Gesicht des Mannes lief rot an vor Wut, als seine Kumpels anfingen, ihn auszulachen. »Du Scheiß-Schwuchtel!« brüllte er. »So redet keine Tucke mit mir.«

Da ich keine Lust hatte, mich mit dem Kerl zu prügeln, ging ich zu meinen Freunden zurück und ließ den schäumenden Mann mir Beleidigungen nachschreien. Währenddessen bildete eine große Gruppe aus Männern und Frauen einen Kreis um mich und versperrte dem wütenden Arschloch, das sich aus den Armen seiner Freunde zu befreien versuchte, den Weg. Eine kleine Frau mit einem Hut der Lesbischen Rächerinnen auf dem Kopf ging zu ihm hin und sagte mit von stiller Wut erfüllter Stimme: »Wenn du nicht willst, daß eine ganze Meute echt saurer Lesben dich hier rauswirft, dann haust du besser ab. Und zwar gleich.«

Der Mann schaute sie an und spuckte aus. »Scheiß-Lesbe«, herrschte er sie an. »Du brauchst 'n Mann, der dir zeigt, wo's langgeht.« Die Frau rührte sich nicht, still behauptete sie ihr Terrain, bis der Kerl und seine Freunde schließlich nachgaben und gingen. Sie gingen eilig unter 'Schande! Schande! Schande!'-Rufen der Menge, bis sie verschwunden waren. Durch das ganze Erlebnis fühlte ich mich sehr lebendig, so als hätte ich dem Klassenrowdy gegenübergestanden und gewonnen. Obwohl ich die Frau, die mich unterstützt hatte, nicht einmal kannte, hatte ich das Gefühl, wir hätten die Schlacht gemeinsam ausgefochten. Als die Kundgebung vorüber war, ging ich sehr stolz über mich selbst nach Hause.

Ich wohne in einem Gewerbegebiet, das überwiegend aus Fleischverpackungs- und Lagergebäuden besteht, die tagsüber vor Arbeitern wimmeln, abends aber leerstehen. Ich mag es, daß mein Viertel nach sechs Uhr abends fast völlig verlassen ist; es ist fast so, als lebe man zwischen einer Art antiker Ruinen. Nach dem Lärm und der Aufregung auf der Kundgebung war es angenehm, von Frieden und Stille umgeben zu sein. Der Himmel wurde abendlich dunkel, als ich durch die leeren Straßen ging, und ich genoß die hereinbrechende Dämmerung.

Ich nahm meine übliche Abkürzung über den Pfad zwischen zwei alten verlassenen Eisenwerken in der Nähe meiner Wohnung und achtete nicht besonders darauf, was um mich vorging, als sich urplötzlich von hinten jemand auf mich stürzte und mich gegen eine Mauer stieß. Mir blieb die Luft weg, als ich gegen die Backsteine knallte und ich das Gewicht eines großen Mannes auf mir spürte. Da ich seit meinem Umzug in die Stadt schon zweimal überfallen worden war, glaubte ich zuerst, der Kerl würde sich nur den Geldbeutel aus meiner Gesäßtasche schnappen und verschwinden.

»Dachtest wohl, du wärst echt clever gewesen da drüben, was, Schwuli?« zischte eine Stimme in meinem Ohr. Mir blieb das Herz stehen, als ich sie als die Stimme des Kerls erkannte, der mich bei der Kundgebung beleidigt hatte. Er mußte mir den ganzen Weg nach Hause gefolgt sein. »Du und diese Lesbe habt mich vor allen zum Arsch gemacht«, fuhr er fort, wobei er mich mit Gewalt gegen die Wand drückte, so daß mein Gesicht an den rauhen Backsteinen scheuerte. »Na, jetzt siehst du selber gleich schlecht aus, wenn ich damit fertig bin, dir 'n bißchen die Fresse zu polier'n.«

Ich dachte daran, um Hilfe zu rufen, wußte aber, daß die Chancen, daß jemand sich um diese Zeit hier aufhalten und mich hören würde, gering waren. Außerdem hätte das den Kerl nur noch wilder gemacht, als er es offenbar schon war. Er hatte mir den Arm umgebogen, als er mich gestoßen hatte, und hielt mit einer Hand immer noch mein Handgelenk fest. Mit der anderen hatte er mich am Kragen gepackt und drückte sie mir an den Hals. Es gab nicht viel, was ich tun konnte.

»Machen wir doch 'n kleinen Spaziergang da rein«, sagte er und stieß mich durch ein offenes Tor in einen höhlenartigen Raum, in dem alte Industriemaschinen und sonstiger Müll herumstanden, Überbleibsel der Gießerei, die in der Zeit, als die Stadt ein belebter Frachthafen gewesen war, hier tätig gewesen war. »Wir wollen ja jetzt von niemandem gestört werden, nicht wahr?«, sagte er spöttisch, während er mich grob vor sich herschubste. Er hielt weiterhin meinen Arm auf den Rücken gedreht, während er sich umschaute. »Hier müßt's doch was geben, mit dem ich dir 'ne Lektion erteilen kann«, sagte er.

Während er weitersuchte, versuchte ich mich an das zu erinnern, was mir meine Freundin Anne über Selbstverteidigung beigebracht hatte, nachdem ich überfallen worden war. Ich hatte alles für Zeitverschwendung gehalten, bis Anne, die etwa 90 Pfund wiegt, mich in weniger als drei Sekunden mit dem Knie auf meinem Hals auf dem Boden hatte. Sie hatte mir einiges beigebracht, aber das war schon lange her, und ich war mir nicht sicher, ob ich mich an das, was ich tun mußte, erinnerte. Dann aber, fühlte ich mich, genau wie auf der Kundgebung, von Wut auf den Mann, überwältigt, dessen Hände sich in meinen Arm bohrten.

Ich holte tief Atem, versetzte meinem Angreifer einen Stoß nach hinten, der ihn so weit aus dem Gleichgewicht brachte, daß ich einen Fuß heben und ihm so fest wie möglich auf den seinen treten konnte. Gleichzeitig riß ich mich von ihm los, hob meinen Arm und rammte den Ellbogen in Richtung auf sein Gesicht. Ich spürte, wie er seine Haut berührte und hörte das Geräusch von Knochen auf Knochen, während ich ihn mit meinem Schlag zurücktrieb.

Ich wirbelte herum und sah, daß der Mann hinter mir stand und sich die Nase hielt. Von seinen Finger tropfte Blut, und auf seinem T-Shirt waren vorne Flecken von roten Tropfen. Auf seinem Gesicht lag der Ausdruck von Verblüffung, als er auf das Blut herabblickte und sah, was ich getan hatte; seine Augen waren schmerzverschleiert. Bevor er mich wieder attackieren konnte, stürzte ich mich auf ihn und schlang ihm die Arme um die Hüfte, als wir beide zu Boden taumelten.

Als ich auf ihm landete, hörte ich ihn scharf den Atem einziehen, als er mit dem Rücken auf den Beton traf. Ich hatte das Knie zwischen seinen Beinen und hielt ihm die Handgelenke über dem Kopf fest, während ich ihn mit dem Körper auf den Boden nagelte. Obwohl er hochgewachsen war, war er nur wenige Zentimeter größer als ich, und meine Wut machte mich noch stärker als gewöhnlich. Ich blickte auf sein blutverschmiertes Gesicht hinab. »Sieht aus, als würd's nicht ganz so laufen, wie du's dir vorgestellt hast«, sagte ich.

»Ich bring' dich um, du Bastard!« schrie er, während er vergeblich versuchte, mich abzuwerfen.

Ich setzte ihm das Knie auf die Brust, damit er sich nicht bewegen konnte, und zog mir den Gürtel aus der Hose. Seine Handgelenke zusammenhaltend, umschlang ich sie mit dem dünnen Lederriemen, den ich fest anzog und mehrfach in der Mitte hindurchsteckte um die Hände sicher zu fesseln. Als ich sicher war, daß er sich nicht befreien konnte, ließ ich ihn los und legte ihm die Hand auf den Bauch. Ich fummelte an seiner Gürtelschnalle, öffnete sie und riß ihm den Gürtel weg, den ich durch die Fessel

an seinen Handgelenken steckte, so daß er ein Art Leine
bildete.

Ich zog an dem Gürtel, um ihn auf die Knie zu zerren. Er
versuchte kurz, auf die Füße zu kommen und wegzuren-
nen, aber mit einem schneller Tritt gegen die Brust stieß
ich ihn zurück auf die Knie. »Gib dir keine Mühe«, sagte
ich zu ihm. »Ich kann dich nicht mit nach Hause nehmen
und will dich irgendwohin bringen, wo du dich eine Weile
hinsetzen und über alles nachdenken kannst, bevor dich die
Bullen abholen. Und fang nicht an, zu schreien. Du weißt
genau so gut wie ich, daß dich niemand hören wird. «

Auf den Knien kriechend führte ich ihn in eine Ecke des
Lagerhauses, wo über uns stählerne Stege verliefen. Durch
mehrere Oberlichte über uns fiel der Mondschein, der mit
Einbruch der Nacht aufgestiegen war, und wir standen in
fahlem Licht. Ich ging um ihn herum und warf ein Ende
des Gürtels über die Querstreben des Laufstegs über uns.
Dann zog ich daran, so daß seine Arme sich streckten und
er aufstehen mußte. Als er stand, waren seine Knie leicht
gebeugt, so daß er nicht ganz ins Gleichgewicht kommen
konnte. Ich befestigte den Gürtel an der Eisenstange. Er
hatte keine Möglichkeit, zu entkommen, und starrte mich
an, während ich triumphierend lächelte. »Ein toller Anblick«, sagte ich. »Ein Schwulenticker schön angebunden
wie ein Punchingball, an dem ich ein paar Aggressionen
loswerden kann.«

»Fick dich!« brüllte er. »Du wüßtest ja nicht mal, was du
mit 'nem richtigen Mann anfangen sollst, du Scheiß-
schwuchtel. Du hast einfach nur Glück gehabt.«

»Ich weiß ja nicht«, sagte ich, ging auf ihn zu und fuhr
mit der Hand über sein blutiges Gesicht. »Siehst mir nach
'ner ganz ordentlichen Arbeit aus.« Er versuchte, das Ge-

sicht abzuwenden, aber ich hielt es fest im Griff und blickte ihm in die Augen. Etwas von der Wut, die ich zuvor darin gesehen hatte, war durch Furcht ersetzt, aber ich bemerkte noch immer eine ganze Menge Wut, die tief dahinter kochte.

»Wovor fürchtet ihr euch überhaupt?« sagte ich. »Habt ihr Angst, wir könnten genauso gut sein wie ihr; daß wir in Wirklichkeit genauso sind wie ihr?« Ich fuhr ihm mit der Hand übers Sweatshirt. »Habt ihr Angst, daß wir im Sport genauso gut sind? Daß vielleicht einer von euren tollen Yankees ein begnadeter Schwanzlutscher ist, und ihr wißt's nicht?«

»Ich bin im Leben nicht wie du«, sagte er. »Im ganzen Leben nicht.«

Ich fuhr mit der Hand ans untere Ende des Sweatshirts und steckte die Hand darunter auf seine nackte Haut. Ich spürte das dichte Haar auf seinem Bauch, das sich über seinen Oberkörper ausbreitete als ich sie langsam bis zu seiner Brust bewegte und dabei das Sweatshirt nach oben schob. »Nimm deine dreckigen Finger da weg!« schrie er.

Ich zog die Hand zurück und ließ ihn im Glauben, er habe gewonnen. Dann packte ich ihn am Kragen und zog. Der Stoff riß, und ich zog weiter, bis die Vorderseite des Sweatshirts in Fetzen hing und seine ganze Brust nackt war. Seine Titten waren rund und gut entwickelt, beschattet von weichen, dunklen Haaren, die ich zuvor ertastet hatte und die bis an den Hals reichten, wo sie sauber rund geschnitten waren. Obwohl ich den Kerl haßte, mußte ich zugeben, daß er einen verdammt guten Körper besaß.

»Wenn du mich noch mal anfaßt, brüll' ich mir die Seele aus dem Leib«, sagte er. »Dann schaffen die Bullen garantiert deinen Arsch in den Knast.«

195

Ich lachte und beobachtete, wie ein verwirrter Ausdruck sich über sein Gesicht breitete. »Du bist doch einer, der gerne Tucken verdrischt«, sagte ich. »Was willst du denn den Bullen erzählen? Daß da eine kleine Tucke kam und dich zusammengeschlagen hat?« Ich ging auf ihn zu und fuhr ihm mit dem Finger vom Bauch bis zum Kinn, das ich nach oben stieß, um ihm ins Gesicht sehen zu können. »Vielleicht erzählst du ihnen ja auch, daß *du* die Tucke bist.«

Er spuckte mich an, und ein feuchter Regen traf mich im Gesicht. Mit einem alten Lumpen aus dem Unrat, der auf dem Boden herumlag, wischte ich mir das Gesicht ab. Dann ballte ich den schmutzigen Fetzen zusammen und stopfte ihn in seinen Mund, um ihn zum Schweigen zu bringen. »Weißt du«, sagte ich, wobei ich ihm wieder die Hände auf die Brust legte, »es heißt ja, daß die Kerle, die am lautesten brüllen, daß sie Schwule hassen, diejenigen sind, die etwas zu verstecken haben. Vielleicht sollten wir herausfinden, was du so für Geheimnisse mit dir rumschleppst.«

Ich zog noch weiter an seinem Shirt und riß es ihm vom Leib, so daß er mit nackter Brust dastand. Das Mondlicht fiel auf die Wellen auf seinem Körper, die sogar durch die Haare auf seiner Brust zu sehen waren. Seine erhobenen Arme waren rund und kräftig, und die Muskeln auf seinem Bauch zeichneten sich deutlich ab. Ich ging hinter ihn und sah, daß sein Rücken ebenso makellos war, und dort, wo ihm die Arme über den Kopf gezogen waren, spannten sich dick die Schultermuskeln.

Ich legte ihm die Hand auf den Rücken und fing an, langsam an den Rundungen von Knochen und Muskeln nachzufahren und darunter die Hitze seiner Haut zu spüren. Ich führte die Finger zu der Stelle, wo sein kurzgeschorenes Haar am Hals ausrasiert worden war, und rieb mit den Fingerspitzen über die Linie, wo Haut und Haar zusammentrafen. Ich konnte spüren, wie er dabei erbebte und wußte, daß er es gegen seinen Willen genoß. »Schönes Gefühl, stimmt's?« flüsterte ich ihm ins Ohr.

Ich stellte mich wieder vor ihm auf und sah, daß er die Augen zusammenkniff, als hoffe er, alles sei nur ein böser Traum, und er könnte irgendwo anders aufwachen. Ich streckte die Hand aus, kniff eine seiner großen, festen Brustwarzen und beobachtete, wie er die Augen aufriß. Ich fuhr fort, zu zwirbeln, bis sich sein Gesicht zu schmerz- und dann, als sein Körper unwillkürlich auf meine Berührung reagierte, lusterfülltem Winseln verzerrte. Ich packte die andere Brustwarze und drehte auch sie, die ebenso wie die andere unter meiner Behandlung anschwoll. Er wand sich in seinen Fesseln, während ich mit seinen Titten spielte, und beim Zusehen erfüllte mich perverse Lust.

Ich beugte mich tiefer und nahm eine zwischen die Lippen, strich leicht mit der Zunge darüber und kühlte sie, indem ich sie anblies. Zärtlich leckte ich die erhitzte Knospe. Dann ging ich mit dem Mund über die Brust und steckte die Zunge in die dunkle Höhle seiner Achsel, wo ich an den feuchten Haaren leckte und saugte. Als ich zurückwich, sah ich, daß er mich noch immer anschaute. Nur daß die Wut sich jetzt in einen Ausdruck von Verwirrung verwandelt hatte, als schäme er sich dafür, bei dem, was ich mit ihm machte, Lust zu empfinden.

»Ich wette, sowas hat noch keine deiner Freundinnen mit dir gemacht«, sagte ich, während ich ihm meine Hand auf die Hüfte legte. Rasch knöpfte ich ihm die Jeans auf und schob sie ihm über die Beine, wo sie zwischen seinen

Füßen liegenblieb. Er trug eine weiße Unterhose, in der sich vorne eine beachtliche Beule abzeichnete. Als ich mit der Hand darüberrieb, ertastete ich einen fetten Schwanz und ein Paar fetter Eier zwischen seinen dicken, muskulösen Schenkeln. Ich spürte, wie mein eigener Schwengel steif wurde, während ich sein Paket bearbeitete, und fragte mich, wie er wohl in steifem Zustand aussehen würde.

Heftig packte ich den Bund, zog die Unterhose vorne herunter, riß sie ihm vom Leib und warf sie zu Boden. Sein Bolzen war so dick, wie ich es gefühlt hatte. Mit beschnittener Eichel hing er ihm hübsch zwischen den Beinen. Es überraschte mich, zu sehen, daß sein Busch sauber kurzgeschnitten war und daß seine Eier im Unterschied zu seinem übrigen Körper rasiert und glatt waren. Ich nahm seinen Sack in die Hand und rieb über die weiche Haut. »Nicht viele Heterojungs, die ich kenne, rasieren sich ihren Apparat«, spottete ich und bemerkte, daß er den Blick abwendete. »Gefällt dir wohl so.«

Ich ließ seinen Schwanz los und ging um ihn herum, um seinen Arsch zu begutachten. Seine Backen waren dick und saftig mit gerundeten Hügeln, die oben glatt und näher an den Beinen mit dunklen Haaren bewachsen waren. Ich klatschte ihm die flache Hand auf den Hintern und spürte, wie er sich unter dem Schlag spannte. Kniend teilte ich seine Hinterbacken und schaute in seine runzlige Rosette. Ebenso wie die Eier war auch die bleiche, weiße Haut in seiner Spalte glattrasiert. Ich beugte mich nach vorn und leckte an der engen Öffnung und kostete den Schweiß und die Würze seiner Haut. Die Haare auf seinem Arsch kratzten an meinen Wangen als ich die Zunge durch den engen Rand seines Lochs stieß, das ich mit den Fingern auseinanderzog. Innen war es warm und sauber, und meine Zunge fuhr leicht über die Innenwände und stieß immer tiefer in ihn vor.

Ich leckte ihm sein rosiges Loch mehrere Minuten lang, indem ich mit der Zunge ein- und ausfuhr und ihm dabei grob die Arschbacken massierte. Dann griff ich ihm zwischen den Beinen hindurch und stellte fest, daß sein Schwanz steif geworden war. Dick und pulsierend stand er schräg von seinen baumelnden Eiern ab. Ich stand auf, schloß von hinten meine Hand um das zuckende Gerät und zog es mehrere Male weit zurück. »Na also«, sagte ich. »Wenigstens hast du mit den dreiundzwanzig Zentimetern nicht gelogen.«

Als ich ihn noch ein paarmal weiterwichste, spürte ich, daß er die Hüften bewegte, damit sein Schwanz durch meine Faust glitt. »Scheint, daß da jemand 'n bißchen geil ist«, sagte ich. Ich feuchtete im Mund meinen Finger an und ging wieder nach unten, um ihn am Arschloch zu kitzeln. »Sieht so als, als würde dein Loch auf irgendwas warten«, sagte ich während ich an der Öffnung spielte. »Vielleicht ist es an der Zeit, daß du bekommst, was du brauchst.« Ich stieß fester zu, und mein Finger schob sich bis zum zweiten Glied hinein. Ich spürte, wie sein Schließmuskel sich beim Eindringen um den Finger krampfte, und vibrierte etwas damit, um ihn zu lockern. »Entspann dich einfach«, sagte ich. »Du weißt, daß du mich drinhaben willst.«

Nachdem ich noch etwas weitergebohrt hatte, konnte ich den ganzen Finger in ihn hineinbekommen. Dann zog ich ihn heraus und steckte ihm ohne Warnung zwei wieder hinein. Sein ganzer Körper krampfte sich zusammen, als ich ihm die Rosette fast sprengte, und er taumelte gegen den Gürtel, als er versuchte, dem Schmerz zu entgehen. Ich lockerte die Spannung, um ihn sich an mich gewöhnen zu lassen, und fing dann an, ihn langsam mit der Hand zu ficken. Nach ein paar Minuten fortwährender Stöße war sein Arsch so locker, daß ich noch einen Finger hinzufügen konnte. Alsbald glitt ich auf den Säften, die aus seinem jungfräulichen Loch auszutreten begannen, ein und aus.

Ich griff um ihn herum, um erneut nach seinem Schwanz zu tasten. Eine schwere Ladung Schwanzschleim tropfte ihm aus der aufgeblähten Eichel. Ich pumpte ein paarmal, was ihm einen weiteren Strom entlockte und sah über seine Schulter hinweg zu, wie sie in einem langen, glitzernden Faden auf den Boden tropfte. »Unmöglich, daß dir sowas gefällt, oder?« sagte ich. Da er keine Antwort gab, zog ich ihm die Hand aus dem Arsch und packte ihn fest an den Eiern. »Vielleicht sollte ich dich ja einfach so lassen«, drohte ich. »Dich mit deinem Steifen und den dicken Eiern da hängen lassen, bis dich morgen die Bullen finden. Wie würd' dir das gefallen?«

Nach einem Moment schüttelte er den Kopf. Ich konnte hören, daß er zu sprechen versuchte, und zog ihm den Knebel aus dem Mund. Er atmete ein paarmal tief ein und sagte dann ruhig: »Hör nicht auf. Bitte.«

Ich befingerte ihm den Arsch noch etwas weiter, und er fing an, zu wimmern. »Wie sehr willst du's?« fragte ich. »Wie sehr willst du 'n andern Kerl im Arsch haben?«

»Ich will's«, flüsterte er. »Ich will dich drinhaben.«

»Sag mir, wie sehr du's willst«, sagte ich und steckte ihm noch einen Finger in den Arsch, daß er aufstöhnte. »Ich tu's nicht, bevor du mich nicht brav drum bittest. Schließlich warst du bis vor kurzem noch gar nicht so brav, oder?«

»Bitte«, winselte er. »Es tut mir echt leid. Du mußt mich

ficken. Du mußt mich in den Arsch ficken. Ich halt's nicht mehr aus.«

Hastig zog ich mir die Hose herunter und zerrte meinen zuckenden Hammer heraus, der schon längst zu seinen vollen zwanzig Zentimetern ausgefahren war – nicht ganz so lang wie seiner, aber ein ganzes Stück dicker. Ich rieb ihm die dicke Eichel ans Arschloch und ließ ihn ein ganz klein wenig von meinem Fleisch spüren. »Erzähl mir, wie sehr du's schon immer gewollt hast«, befahl ich.

»Okay«, sagte er nahezu flehend. »Ich will's schon seit langem. Jetzt mach's. Fick mich. Meine Eier sind am Platzen.«

Ich hatte immer noch das Kondom, das ich während der Kundgebung eingesteckt hatte. Ich fischte es heraus und rollte es mir über den Schwanz, dann setzte ich die Spitze an seinem schleimigen Loch an. Ich steckte nur die Eichel hinein, gerade so weit, um ihn verrückt zu machen. »Oh, Scheiße!« brüllte er, als ich in seine Spalte eindrang. »Steck ihn mir ganz rein. Steck mir deinen dicken Hammer bis oben hin!«

Ich packte ihn um die Hüfte und rammte so fest in seinen Arsch hinein, daß die Gürtel, die seine Hände fesselten unter dem Gewicht ächzten. Er grunzte laut auf, als ich mich in sein weiches Loch bohrte und ihn auf die Fußspitzen zwang, während ich meinen Schwanz nach oben trieb. Ich spürte seine Arschbacken an meinen Hüften, während ich mich tief in seinen Hintern versenkte, und meine Eier eng an ihn preßte, als ich jeden einzelnen Zentimeter meiner Latte in ihn schob. »Schönes Gefühl, so'n Bolzen im Arsch zu haben, was?« knurrte ich, während ich anfing, ihn zu stoßen.

Sofort fing er zu stöhnen an. Als ich seinen Arsch immer

härter fickte, erfüllte den großen, leeren Raum nur noch sein Stöhnen. Jeden Stoß meines Schwanzes nahm er mit neuerlichem Lustgewimmer auf, und als ich den Schwanz etwas herauszog und ihm nur noch die ersten Zentimeter in den Arsch rammte, fing er wieder an, zu betteln. »Das ist so schweinegeil«, sagte er. »Steck mir wieder das ganze Ding rein. Ich spritz gleich den ganzen Laden hier voll.«

Ich stieß wieder tiefer vor, und fing an, ihn echt hart in den Arsch zu vögeln. Es war komisch, wenn man daran dachte, daß er mich vor wenigen Stunden noch eine Schwuchtel gerufen hatte und mir die Scheiße aus dem Leib prügeln wollte. Jetzt hatte er meinen Schwanz tief im Arsch stecken und bettelte um mehr. Während ich ihn fickte, machte mich der Gedanke, daß ich den Spieß umgedreht und ihm eine Lektion erteilt hatte, noch geiler. Ich wußte, daß wir beide in Kürze kommen würden, und wollte meine Sache gut machen. Mein Kopf dröhnte mir von der Hitze. Nach ein paar weiteren Stößen fing ich an, in ihn abzuspritzen und den Gummi mit meiner dicken Ladung zu füllen.

Sobald der Kerl spürte, daß ich in seinem Arsch kam, kam er auch. Sein Arsch spannte sich dabei um meinen immer noch spuckenden Schwanz, und ich spürte, wie sein ganzer Körper sich verkrampfte, als er seine Ladung abschoß. Die Stränge von Sperma flogen aus seinem Schwanz, ohne daß dieser angefaßt worden wäre, und fielen zu Boden, während sein Schwengel Schwall auf Schwall ausstieß. Als er fertig war, ließ ich den Schwanz aus ihm gleiten und zog den Gummi herunter, wobei ich darauf achtete, daß meine Ladung in der Spitze blieb.

Ich stellte mich vor ihm auf und schaute ihm ins Gesicht. Das Blut unter seiner Nase war getrocknet, und seine Au-

gen standen halb offen. Er atmete schwer, und sein trocken-
gelegter Schwanz war immer noch steif. Ich griff nach oben
und löste den Gürtel, der ihn gefangenhielt, worauf er vor
mir in die Knie brach. Er schaute zu mir auf, die Hände immer noch vorne gefesselt. Ich hielt ihm den Gummi an den
Mund und richtete den glitschigen Inhalt auf ihn. Er öffnete die Lippen, als mein Sperma herausquoll und ihm übers
Kinn floß. Meine Ladung tröpfelte ihm vom Kinn auf die
Brust, wo es sich in dicken Tropfen in seinen Haaren ver-
fing.

Als ich den Gummi ausgeleert hatte, warf ich ihn beiseite und hielt ihm meinen klebrigen Schwanz an die Lippen.
»Saubermachen«, befahl ich ihm. Er öffnete den Mund und
fing an, mich abzulecken; seine Zunge fühlte sich warm
auf meiner Haut an, während er seinen ersten Schwanz zu
schmecken bekam. Ihn mir einen blasen zu sehen, ließ
mich wieder steif werden und meinen Bolzen in neuer Hitze anschwellen. »Oh, doch«, sagte ich, während ich ihm
die Hände auf den Kopf legte und meinen Schwanz in seine gierige Kehle einführte. »Für dich gibt's noch 'ne Menge zu lernen.«